GÜTERSLOHER
VERLAGSHAUS

Gütersloher Verlagshaus. Dem Leben vertrauen

JOCHEM WESTHOF

BIBLISCHE GESCHICHTEN LEBENDIG ERZÄHLEN

ANREGUNGEN • BEISPIELE • ÜBUNGEN

GÜTERSLOHER VERLAGSHAUS

Bibliografische Information der Deutschen Nationalbibliothek
Die Deutsche Nationalbibliothek verzeichnet diese Publikation in der
Deutschen Nationalbibliografie; detaillierte bibliografische Daten
sind im Internet über http://dnb.d-nb.de abrufbar.

1. Auflage
Copyright © 2011 by Gütersloher Verlagshaus, Gütersloh,
in der Verlagsgruppe Random House GmbH, München

Dieses Werk einschließlich aller seiner Teile ist urheberrechtlich
geschützt. Jede Verwertung außerhalb der engen Grenzen des
Urheberrechtsgesetzes ist ohne Zustimmung des Verlages
unzulässig und strafbar. Das gilt insbesondere für Vervielfältigungen,
Übersetzungen, Mikroverfilmungen und die Einspeicherung und
Verarbeitung in elektronischen Systemen.

Umschlagfoto: © Fotolia V – Fotolia.com
Satz: Satz!zeichen, Landesbergen
Druck und Einband: CPI Moravia Books s.r.o., Pohorelice
Printed in Czech Republic
ISBN 978-3-579-05930-3

www.gtvh.de

INHALT

1. Erzählt Geschichten! 7

Die Grundregeln des Erzählens 15

2. Die erste Regel – das innere Bild 15
   - Was siehst du? 15
   - Fantasiearbeit bei biblischen Texten 20
   - Ein Beispiel: Die Heilung der verkrümmten Frau ... 24
   - Perspektivenwechsel 29
   - Auswirkungen 31
   - Übungen zur ersten Regel 33

3. Die zweite Regel: Benutze wörtliche Rede! 36
   - Was höre ich? 36
   - Hoch- und Tiefstatus 38
   - Selbstgespräch 39
   - Der echte Dialog 41
   - Ergänzungen 42
   - Volksgemurmel 43
   - Erneut das Beispiel:
     Die Heilung der verkrümmten Frau 44
   - Identifikation durch Sprechweise 49
   - Übungen zur zweiten Regel 51

Zur Erzählpraxis – Besonderheiten und Tipps 55

4. Während des Erzählens –
   Besonderheiten und Tipps 55
   - Fragen des Erzählers 55

Zwischenrufe und Zwischenfragen	57
Steckenbleiben	61
Moral	64
Momente, die mir wichtig sind	65

5. Die Zuhörenden ... 67
Erzählen vor Kindern ... 67
Erzählen vor Jugendlichen ... 69
Erzählen vor großen Gruppen ... 70

6. ... und nach dem Erzählen? ... 72
Fragen der Zuhörenden
unmittelbar nach dem Ende des Erzählens ... 72
Nicht erklären ... 73
Behutsames Fragen ... 75
Kreative Gestaltung ... 76

7. Besondere Geschichten ... 79
»Mord und Totschlag« ... 79
Wundergeschichten ... 82
Gleichnisse ... 83
Erfundene biblische Geschichte ... 85

8. Beispiele gelungener Erzählkultur ... 91
Die Gute-Nacht-Geschichte in der Urlauberarbeit
der Kirchen ... 92
Geschichten zum Advent ... 92
Unterrichtsschluss ... 93
Erzähl-Festivals ... 94
Erzählzelt auf Kirchentagen ... 95

1. ERZÄHLT GESCHICHTEN!

Erzählt die wunderbaren und heilsamen Geschichten der Bibel, die spannenden, tröstenden, aufrührenden Geschichten, die den Menschen seit Tausenden von Jahren erzählt werden, Geschichten voller Geheimnisse, Wunder und Wahrheiten.
Erzählt auch die alten und neuen Weisheiten der Menschen, die Legenden und Märchen, die dramatischen oder die lustigen Lebenserfahrungen von Generationen, zeitlos gültig.
Erzählt von eurem Leben, die anrührenden Momente – nicht die Belanglosigkeiten – die schrecklichen Zeiten, die kämpferischen, die Momente des Glücks.
Erzählt Geschichten!
Es ist die älteste Menschheitskunst. Seit Menschen reden können, haben sie sich erzählt, was sie erlebt, gedacht, geträumt haben. Manche Geschichte war so tröstlich, so lehrreich oder auch so lustig, dass sie weiter erzählt wurde, wieder und wieder, über Generationen hinweg. So sind viele Geschichten alter Zeiten zu uns gekommen, weil sie erzählt wurden. Dabei wurden sie auch verändert, ausgeschmückt oder zugespitzt.
Alle Religionen haben ihre heiligen Geschichten, die erzählt wurden, und auch die Geschichten der Bibel sind durch das Erzählen zu uns gekommen. Jahrhundertelang wurden sie erzählt, an den Lagerfeuern der Nomaden, in den Hütten der einfachen Leute, in den Häusern

der Urgemeinde oder wo immer man es sich vorstellen mag.

Irgendwann aber begann man die Geschichten aufzuschreiben. Etwa um das Jahr 1000 v. Chr. wurden, vermutlich am Königshof in Jerusalem, die ersten Erzählungen der Bibel schriftlich festgehalten.
Die schriftliche Fassung hat die Geschichten bis in unsere Zeit bewahrt und damit wohl vor dem Vergessen gerettet. Aber sie hat sie auch eingezwängt in eine Form, in einen »richtigen« Ablauf, in eine Absicht und Zielrichtung, letztlich in ein dogmatisches Lehrgebäude.

Heute erleben wir, wie das Bild die schriftliche Fassung der Geschichten verdrängt, wie Filme, Fernsehen und DVDs die häufigsten Übermittler von Geschichten werden. Das Erzählen selbst scheint in Vergessenheit zu geraten. Nein, nicht ganz!

Biblische Geschichten werden noch relativ oft erzählt, in den Kindergottesdiensten, im Religionsunterricht, und aus Kinderbibeln wird viel vorgelesen. Auch sonst gibt es zunehmend wieder professionelle Geschichtenerzählerinnen und -erzähler, besonders für Märchen.
Es ist ja auch keineswegs so, dass Erzählen nur etwas für Kinder sei. So denken nur Menschen, die keine Erzählungen mehr kennen. Nein, zunehmend entdecken auch erwachsene Menschen den Reiz der frei erzählten Geschichte, erleben auch fernsehgewohnte und »mo-

derne« Menschen den Reichtum an Fantasie und inneren Bildern, der durch das Erzählen freigesetzt wird. Darum: Erzählt Geschichten!

Wunderbares passiert beim Erzählen: Ich komme in Welten, die ich »real« nie erreichen kann, ich bin im Königshof in Jerusalem, im Zelt der Nomaden in der Wüste, ich kämpfe mit David gegen die Philister, ich gehe mit Jesus und sehe ihn Blinde heilen. Ich höre den Lobgesang der Hanna, als ihr Kind geboren ist, und ich höre die Worte Gottes am brennenden Dornbusch. Tiere können reden, ein Engel spricht, und ich bin dabei.
Im Erzählen überspringe ich Zeiten und Grenzen, sehe Gefahren und Bedrohungen, Hoffnungen und Erlösung. Ich schlüpfe in verschiedene Personen, ich möchte werden wie …, ich bilde mein Wertesystem aus meinen Geschichten.

Ihr Pfarrerinnen und Pastoren, hört auf, die Dogmatik zu lehren, begrenzt eure Ansprachen und Predigten und erzählt! Die tausend Geschichten der Bibel wollen erzählt und nicht nur analysiert werden. All das, was in euren Ansprachen eigentlich gesagt sein soll, kommt in der Erzählung bis in das Herz der Zuhörer.

Ihr Lehrerinnen und Lehrer, es gibt sogar ein Schulfach »Geschichte«. Nehmt es beim Wort! Bei einer Erzählung sind eure Zuhörer plötzlich im 17. Jahrhundert, erleben Prunk oder bittere Armut, erschrecken über Ungerechtigkeit und Krieg und empören sich über die Herrschsucht der Fürsten – »Lernen durch Identifikation« heißt das auf pädagogisch.

Ihr Eltern, unbegrenzt ist die Fantasie für Geschichten, und unbegrenzt ist damit auch das, was ihr euren Kindern an Gedanken, Ideen und Idealen mitgeben könnt. Mit euren Geschichten gebt ihr Wertmaßstäbe an eure Kinder weiter.
Es gab eine Generation, die hörte Geschichten von den Heldenschlachten in den Kriegen, von der Größe der Nation und der Tapferkeit im Waffengang. Diese Menschen zogen in den Krieg und alle verloren. Erzählt Geschichten vom Frieden, von den Helden der Gewaltlosigkeit, von der Zärtlichkeit und Buntheit und Vielfalt des Lebens.

Und erzählt wieder die Geschichten der Bibel, neben all den anderen schönen Erzählungen, die es sonst auch gibt. Denn die biblischen Texte sind zumeist nicht erzählt, sondern erklärt, moralisiert, analysiert und dogmatisiert worden und nur selten wurde ihr Witz, ihre Spannung, ihre Dramatik und ihre Zärtlichkeit erzählt. Welch einen Schatz an tröstlichen, aufrüttelnden und heilsamen Geschichten hat dieses Buch – und wie wenig davon wird lebendig erzählt.
Denn gute Geschichten wollen erzählt sein. Wer einmal einer Erzählung zugehört hat, der weiß um ihren Wert, der spürt die Vielzahl der inneren Bilder und den Erlebnisreichtum des nur scheinbar passiven Zuhörens.

Manche Leute erzählen Geschichten, um sich gleichzeitig über sie lustig zu machen. Gerade bei religiösen Geschichten ist das ein häufiges Phänomen. Ich empfinde es als unwürdigen Umgang mit Geschichten. Ich erzähle, um die Schönheit und Würde der Geschichten zu betonen und ein Blick auf ihre Wahrheiten werfen zu können. Auch kritische und fragende Gedanken sind hilfreich. Aber wenn ich mich lustig machen will, sollte ich lieber zum Kabarett gehen.

Doch viele Leute sagen: Ich kann doch gar nicht erzählen! Ich fange an zu stottern. Ich verliere den Faden. Keiner hört zu. Hilfe, wo ist das Buch, aus dem ich vorlesen kann? Ich kann nicht frei erzählen!

Dieser weit verbreitete Irrtum hindert uns daran, es einfach einmal zu versuchen. Denn erzählen können wir alle. Was hast du im letzten Urlaub Interessantes erlebt? Erzähl doch mal!

Wie kommen wir zu der Vermutung, wir könnten nicht erzählen? Oft hindert uns nur die Vorstellung, perfekt sein zu müssen. Und besonders bei biblischen Geschichten haben wir die Vorstellung, sie dürften auf keinen Fall »falsch« erzählt werden. Außerdem ist die Geschichte ja so lang. Wie ging es doch weiter? Hilfe, ich bin ganz durcheinander – ich lese doch lieber vor.

Besonders Menschen, die beruflich mit Kindern arbeiten, fürchten ein falsches Erzählen. Aber Angst ist ein schlechter Ratgeber.

Manch einer möchte lieber vorlesen, um sich dem »Stress« des Erzählens nicht auszusetzen, wo doch das Buch griffbereit daliegt. »Vorlesen ist besser als gar nichts« argumentiert er, »und die Kinder hören doch gerne zu!«

Ja, auch das Vorlesen hat seine Zeit und ist für manche Situation und für manche Geschichte sinnvoller als die freie Erzählung. Vorlesestunden sind kostbare Momente.

Doch manches Mal ist das Vorlesen einer Geschichte nicht so eindrücklich wie das Erzählen. Es ist wie ein Lied ohne Musik, es fehlt das Wesentliche, das Spielerische, das Lebendige, das spontane Reagieren, der Augenkontakt. Und so suchen viele wieder einen Weg, das Erzählen zu lernen.

Dazu möchte ich sagen: Erzählen kann man lernen.

Es ist nicht eine geheimnisvolle Kunst, die nur einigen begabten Menschen vorbehalten ist.

Sicherlich, auch Erzählen braucht Regeln, braucht Vorbereitung und Übung. Wer eine Geschichte schnell aus dem Ärmel schütteln will, wird seine Zuhörer selten faszinieren. Nur manchmal, wenn ich von eigenen Erfahrungen berichte, wenn ich selber etwas erlebt habe, dann kann ich davon spontan erzählen. Aber die fremden Geschichten, die großen Geschichten des Lebens, besonders die biblischen Geschichten kann ich erst erzählen, wenn ich sie mir vertraut gemacht habe.

Doch es gilt: Erzählen kann man lernen. Dazu will dieses Buch helfen.

Zwei Regeln will ich darin beschreiben, die mir helfen,

in die Erzählung zu kommen. Nur zwei Regeln – das ist eine überschaubare Größe. Wenn du sie im Kopf, im Herzen und auf der Zunge hast, wirst du immer besser erzählen können und alle Zuhörer und Zuhörerinnen folgen deiner Erzählung mit großen Augen und offenem Mund.

Schau sie dir an! Sie sind »ganz Ohr«. Sie sind mittendrin in deiner Geschichte, in allen Höhen und Tiefen, erleben Gefahr und Erlösung. Du brauchst keine Bilder und Puppen, keine Tücher und keine Bastelarbeiten, du brauchst vor allem keine Erklärungen, was es bedeutet – du brauchst nur deine Geschichte.

Erzähle!

Die Grundregeln des Erzählens

2. Die erste Regel – das innere Bild

Die erste Regel für das Erzählen lautet: Mache dir ein Bild davon, wie es am Ort deiner Geschichte aussieht. Stelle dir vor, du stehst dort, du kannst zuschauen. Du greifst nicht ein in die Geschichte, aber du bist dabei.

Was siehst du?

Wie sieht es dort aus?
Schau dich um! Sieh dir die Häuser an (wenn deine Geschichte in einer Ortschaft spielt). Sind sie solide und vornehm oder ärmlich und windschief? Stehen sie eng gedrängt oder vereinzelt? Wenn du biblische Geschichten erzählst: bedenke, dass sie zu einer anderen Zeit und in einem anderen Kulturkreis spielen. Stelle keine Hochhäuser nach Bethlehem und lass keine Kirchenglocken läuten.

Und weiter: Was für eine Atmosphäre hat dieser Ort? Ist er laut und hektisch oder ruhig besinnlich? Fühle ich mich wohl dort oder möchte ich vor diesem Ort fliehen?
Und auch: Was für Menschen sind an diesem Ort? Was haben sie an, wie sehen sie aus, wie alt sind sie? Sind sie mir sympathisch?

Dieses innere Bild vom Ort der Geschichte ist ganz wichtig, um in die Geschichte hineinzukommen, um ihre Atmosphäre zu spüren.

Die Orte der biblischen Geschichten sind nicht einfach zufällig, sie sind bewusst komponiert. Die Wüste ist ein Ort der Kargheit, und so spielen viele Geschichten der Lebenskrisen dort, die Versuchung Jesu, der Lebenszweifel Elias, der lange Weg in das gelobte Land ...

Wenn ich erzähle, beschreibe ich nicht alle Einzelheiten eines inneren Bildes,
also nicht:
sein Gewand war aus dunkelrotem, samtigen Stoff, und ein weißer Gürtel war um seine Hüften geschwungen ...
sondern eher:
er trug ein vornehmes Gewand ...
Dem Zuhörer bleibt genügend Raum zur eigenen Fantasie. Auch er entwickelt ein inneres Bild, sicherlich ähnlich, aber nie gleich dem meinen als Erzähler. Als Zuhörer einer Geschichte ist man keineswegs passiv, sondern entwickelt ständig neue, eigene Fantasiebilder. Diese

Bilder machen eine große Faszination des Erzählens aus, und gerade fernsehgewohnte Zuhörer sind ganz erstaunt, welche fantasievollen Vorstellungen in ihnen selbst entstehen können, wenn sie einem Erzähler zuhören.

Wenn ich erzähle, dann hilft mir das innere Bild, meine Stimme »stimmig« zur Geschichte zu modulieren, meine Stimme passt sich dem Charakter der Geschichte an.

Ein Beispiel:
Peter steht vor der Höhle.
»Soll ich hineingehen? Es sieht düster und gefährlich aus.«
Vorsichtig macht er einen Schritt hinein, ... noch einen ...
Er muss den Kopf einziehen, so eng wird es. Mit den Händen berührt er die Wände. Sie sind nass und glitschig.
Noch ein Schritt ...
Ganz langsam gewöhnen sich seine Augen an das Dunkel.
Noch einen kleinen Schritt.
Jetzt erkennt er einen Felsbrocken im Weg, aber dahinter geht es noch weiter.
Noch einen Schritt bis zum Felsbrocken.
Er fasst ihn an, er schaut dahinter.
»Ooooohh!«

Eine solche Szene, die eher dunkel und unheimlich ist, werde ich langsam sprechen, mit Pausen und mit leiser Stimme.
Wer ein Bild von Peter und der Höhle vor dem inneren Auge hat, der spricht automatisch mit der zu diesem Bild passenden Stimme. Er verstärkt damit den unheimlichen Eindruck der Szene. Er spricht »stimmig«.
Versuche einmal, diese Szene laut und schnell zu erzählen: Es geht nicht.

Das innere Bild hilft mir auch, die Erzählung zu verlangsamen, damit die Zuhörer auch eintauchen können in meine Geschichte.
Gerade bei biblischen Geschichten besteht oft die seltsame Vorliebe, zügig zu Ende zu erzählen, nur einen »Kerngedanken« vor Augen zu haben:

Da saß ein Blinder am Stadttor von Jericho, als Jesus vorbeikam. Da hat er ganz laut geschrien: »Jesus, hilf mir!« Erst haben die Leute, die dabeistanden, geschimpft, aber er hat nicht aufgehört. Da haben sie ihn zu Jesus gebracht und er hat ihn gesundgemacht. Ja, Jesus ist mächtig und hört die kleinen Leute!

Das ist keine Erzählung, sondern eine Inhaltsangabe, noch dazu mit einer merkwürdigen Moral am Ende. Inhaltsangaben wecken keine Bilder, bleiben blass und belanglos. Bevor ich als Zuhörer in die Geschichte eintauchen kann, ist sie schon zu Ende. Schade!

Wer die Tendenz hat, so zu erzählen, sollte sich zwingen, sich immer wieder die erste Regel vor Augen zu halten:

Da saß ein Blinder ...

Halt! Wie sieht er aus?

Ganz zusammengekauert hockte er am Boden, nur manchmal hob er den Kopf und rief: »Almosen! Gebt ein Almosen für einen blinden Bettler!«
So saß er am Stadttor von Jericho ...

Halt! Wie sieht es dort aus?

Reges Treiben herrscht um ihn herum, die Händler ziehen mit ihren Wagen vorbei. Esel schleppen große Körbe. Zwei Wachsoldaten stehen am Stadttor, Zöllner kontrollieren die Wagen. Keiner kümmert sich um den blinden Bettler. Da kommt Jesus mit seinen Freunden in die Stadt gezogen.
Halt! Was ändert sich jetzt in diesem Bild?

Der blinde Bettler hebt den Kopf.
Er kann zwar nicht sehen, was um ihn herum geschieht, aber die Geräusche kennt er doch und kann sie zuordnen. Doch jetzt hört er Reden, Rufe, Geschrei.
»Was ist da los?« ruft er.
»Jesus von Nazareth kommt vorbei«, ruft jemand, »hosianna, der berühmte Rabbi aus Nazareth kommt zu uns.« ...

Innere Bilder brauchen ihre Zeit, bis sie entstehen, sie brauchen die Ausführlichkeit der Erzählung. Lass dich beim Erzählen nicht treiben. Beschreibe und schmücke aus, was im biblischen Text nur kurz erwähnt wird. Lass die Fantasie wachsen, mache die Bilder lebendig.

Natürlich kann das auch in das Gegenteil umschlagen, in lang ausschweifende Beschreibungen von Ort und Zeit, detailverliebt und belanglos. Doch das ist selten. Meistens wird zu kurz erzählt.

FANTASIEARBEIT BEI BIBLISCHEN TEXTEN

Gerade bei biblischen Texten ist diese Ausschmückung notwendig. Denn in weiten Teilen ist der biblische Text eher eine Inhaltsangabe, grandios komponiert und zusammengestellt, aber doch eine schriftliche Kurzfassung einer Erzählung und auf Wesentliches beschränkt.
Nehmen wir beispielsweise das Gleichnis Jesu vom »Schatz im Acker«:

Mit dem Himmelreich ist es wie mit einem Schatz,
der im Acker verborgen war
und den ein Mann fand und verbarg;
und in der Freude darüber geht er hin und verkauft alles, was er hat,
und kauft den Acker.
(Matthäus 13,44)

Wenn Jesus so ein wunderbarer Geschichtenerzähler war, wie oft gesagt wird, dann hat er anders erzählt. Dann hat er von dem Staunen und der Freude des Mannes erzählt, vom Plan zum Verkauf aller seiner Habe, von der Reaktion der Familie, vom Handeln und Feilschen um den Acker.

Aber der Bibeltext ist die schriftliche Kurzfassung, nicht die stenografische Mitschrift des Erzählten. Darin unterscheidet sich die Bibel beispielsweise von den Volksmärchen der Gebrüder Grimm. Diese haben die *Erzählungen* mitgeschrieben und nicht einfach Inhaltsangaben der Märchen zusammengestellt. Und so bleibt bei den Erzählungen der Bibel die Aufgabe, dass ich sie wieder in eine Erzählform bringen muss, ihre Bilder zum Leben erwecke, mit eigener Fantasie in den Text hineingehe und ihn ausschmücke. Es ist das nicht ganz einfache Vorhaben, die Bibel angemessen und deshalb mit Fantasie zu erzählen. Diese Aufgabe ist unerlässlich, wenn ich den Text nicht nur einfach mehr oder weniger zitieren will. Denn dann würde ihm das erzählerische Element fehlen. Innere Bilder stellen sich nur schwer ein.

Allerdings ist das Vorhaben, die Bibel angemessen und deshalb mit Fantasie zu erzählen, nicht unumstritten. Manche Bibelerzähler (hier ist etwa Dietrich Steinwede zu nennen) wollen in einer gewissen Ehrfurcht vor der Bibel so textnah wie möglich erzählen. Sie glätten nur den komplizierten Satzbau oder unverständliche Formulierungen, erzählen aber ansonsten sehr eng am biblischen Text entlang.

Ich halte mich lieber an Walter Neidhardt, der in seinem »Erzählbuch zur Bibel« die *Fantasiearbeit* eine Voraussetzung zum Erzählen nannte. Es ist ja gerade die Freiheit des Erzählens, dass man nicht gebunden ist an den Wortlaut des Originaltextes, sondern eine eigene, individuelle Erzählung gestaltet. Und dann geschieht das, was den Reichtum von Erzählungen ausmacht: Keine Erzählung gleicht mehr der anderen. Jede hat ihre eigenen Bilder und Schwerpunkte, und beim Zuhörer entstehen wieder eigene.

Natürlich gibt es auch übertriebene Ausschmückungen, die eine Geschichte im Kern verändern. Das ist nicht gemeint. Es geht nicht darum, etwas Neues zu einer Geschichte dazu zu erfinden, sondern darum, das, was dort steht, mit Fantasie auszuschmücken und mit Worten zu gestalten: den blinden Bettler, das Stadttor von Jericho usw. Und so möchte ich meinen fantasievollen Ausschmückungen folgende Begrenzungen geben.

1. Ich schmücke das aus, was der Bibeltext vorgibt, aber ich erfinde nicht völlig Neues hinzu. Ich beschreibe das Leben am Stadttor, weil meine Geschichte dort spielt, aber ich erzähle nicht die Lebensgeschichte des Kameltreibers Jossuf, der auch gerade zufällig am Stadttor steht.

Unzulässige Ausschmückungen biblischer Texte gibt es vor allem bei den bekannten Geschichten, besonders bei der Weihnachtsgeschichte. Was hier in zahlreichen Bilderbüchern und Krippenspielen angeboten wird, hat mit dem Text des Lukasevangeliums kaum etwas zu tun.

2. Ich achte darauf, *welche* Stellen ich ausgiebig beschreibe. Wenn ich Belanglosigkeiten ausschmücke, wird meine Erzählung langweilig.
3. Ich bin zurückhaltend beim Ausschmücken von gewalttätigen und grausamen Szenen.
4. Legitim finde ich es, wenn eine Person in der Geschichte »kritische« Fragen stellt. Vielleicht fragt einer von Noahs Söhnen in der Arche, warum sie vor der Sintflut gerettet sind und alle anderen ertrinken. Man wird in 40 Tagen in der Arche diese Frage nicht ausgeklammert haben.

Allerdings: Noah antwortet nicht. Im biblischen Text ist es ein auffälliger Zug, dass Noah die ganze Zeit schweigsam ist. Auch beim Archebau und beim späteren Dankopfer spricht er nicht.

5. Manchmal ergänze ich biblische Geschichten mit Vorgeschichten oder Fortsetzungen. Ich frage z. B., wie es Bartimäus erging, als er geheilt zu seiner Familie zurückkehrte. Ich mache aber in meiner Erzählung deutlich, dass ich jetzt den biblischen Text verlasse.
Ich stelle mir jetzt vor, wie Bartimäus nach Hause kam. Sie werden ihn völlig entgeistert angeschaut haben. »Junge!« rief die Mutter, »Junge, was ist denn mit dir geschehen?« ...
6. Ich beschreibe in meinen Ausschmückungen das, was wahrscheinlich und glaubwürdig ist. Die Fantasiearbeit bietet viele Möglichkeiten, auch unglaubwürdige und absurde. Solche aber würden die Geschichte unzulässig verändern.

7. Ich mache mich kundig in der theologischen Literatur, um Hintergründe und wichtige Details berücksichtigen zu können.

EIN BEISPIEL: DIE HEILUNG DER VERKRÜMMTEN FRAU

Ich möchte meine Erzählart an einer biblischen Geschichte deutlich machen. Ich nehme dazu die kleine Erzählung von der Heilung der verkrümmten Frau, wie Lukas sie berichtet:

Und Jesus lehrte in einer Synagoge am Sabbat.
Und siehe, da war eine Frau, die hatte seit 18 Jahren einen Geist,
sie war verkrümmt und konnte sich gar nicht mehr aufrichten.
Als aber Jesus sie sah, rief er sie zu sich und sagte zu ihr:
»Sei frei von deiner Krankheit.«
Und er legte die Hände auf sie;
und sogleich richtete sie sich auf und pries Gott.
(Lukas 13,10–13)

Die Erzählung geht eigentlich noch weiter, es wird von einem Streit berichtet, ob eine solche Heilung am Sabbat erlaubt sei.
Für unsere Fragestellung nach der Art des Erzählens ist dieser erste Teil aber ausreichend.

Wenn du diese kleine Geschichte erzählen willst, dann denke an die erste Regel: Wie sieht es dort aus? Vergiss für einen Moment alles, was du vielleicht an Exegese oder theologischen Sätzen zur Geschichte sagen kannst, sondern frage einfach: Wie sieht es aus in der Synagoge, in der Jesus lehrt?

Ich brauche dazu keine detaillierte Kenntnis der Dorf-Synagogen zur Zeit Jesu. Wer kennt die schon? Es ist sicher gut, sich wieder bewusst zu machen, dass meine Erzählung in alten Zeiten und in einem fremden Kulturkreis spielt und nicht gerade heute in unserer Dorfkirche. Es kann auch hilfreich sein, sich in Büchern über die Lebensweise zur Zeit Jesu kundig zu machen.

Für unsere Erzählung ist auch die Tatsache wichtig, dass Männer und Frauen in der Synagoge räumlich getrennt waren, vielleicht nicht so konsequent wie in Jerusalem im Tempel, wo Frauen nur in den Vorraum durften, aber doch so, dass sie wohl »hinten« standen.

Aber wie eine Synagoge nun »wirklich« aussah, weiß niemand. In meiner Fantasie erschaffe ich sie.
Ist es hell dort oder eher schummrig-dunkel?
Ist sie mit Menschen gefüllt oder nur spärlich besucht?
Sitzen die Menschen oder stehen sie?
Wenn sie sitzen: Sitzen sie auf Bänken? Auf dem Fußboden? Nur am Rande?

Vielleicht fängst du so an:

Nur wenig Licht fällt durch die Fenster der Synagoge.
Ein paar Öllampen an der Mauer flackern.

Dicht gedrängt stehen die Menschen. Es ist heiß und stickig.
Heute ist dieser merkwürdige Wanderprediger aus Nazareth gekommen.
Die Leute sind neugierig, was er zu sagen hat.

Vielleicht fängst du so an:

Die Menschen kommen zur Synagoge.
Heute ist Sabbat, da kommen sie alle zum Gebet.
Es ist ein heißer Tag, schon morgens ist die Hitze groß.
Aber hier in der Synagoge ist es noch kühl.
Einige Männer stehen vorne bei den Rollen mit den Heiligen Schriften.
Sie diskutieren aufgeregt.
Ein paar Kinder laufen herum, sie hüpfen und schreien, bis einer sie zur Ruhe ruft.

Oder auch:

Ein Haus am Rande des Dorfes, klein und etwas schief.
Die Tür öffnet sich und eine Frau tritt heraus.
Ihr Rücken ist ganz krumm, sie kann sich nicht aufrichten.
Sie stützt sich auf einen Stock und geht los. Mühsam, Schritt für Schritt.
Heute ist Sabbat.
Sie geht den Weg zur Synagoge.
Lange braucht sie, bis sie endlich ankommt ...

Viele Möglichkeiten gibt es, die Geschichte zu beginnen, keine ist besser, keine ist falsch. Es sind deine Bilder. Erzähle sie!

Wie aber sieht die Frau aus? Vielleicht so:

Ganz hinten in der Synagoge stehen die Frauen.
Nach vorne, zu den Männern, gehen sie nicht.
Aber gespannt hören sie zu,
was dieser Wanderprediger ihnen zu sagen hat.
Eine Frau hat sich an die Wand gelehnt.
Sie ist ärmlich gekleidet.
Sie steht ganz gebeugt.
Ihr Rücken ist krank, sie kann nicht gerade stehen.
Sie schaut immer auf den Fußboden, sieht die Füße der anderen Frauen.

Oder:

Ganz hinten bei der Tür steht eine Frau.
Sie ist gebeugt, ihr Rücken ist ganz krumm.
Manchmal hebt die Frau das Gesicht, um den Rabbi Jesus zu sehen.
Dann sieht man, dass es eine schöne Frau ist und noch recht jung, vielleicht 20 Jahre.
Doch ein bitterer Zug liegt um ihren Mund,
und sie senkt wieder den Kopf.
Ihr Rücken bleibt krumm, wie all die Jahre schon.

Trotz aller Liebe zum Ausschmücken – die Erzählung der biblischen Texte muss sich immer wieder überprüfen lassen am »Originaltext«. In unserem Beispiel heißt das:
Die Frau ist anfangs ganz passiv, sie ruft Jesus nicht um Hilfe an, sie läuft nicht zu ihm.
Würden wir anders erzählen und die Frau aktiv auftreten lassen, würde dies einen anderen Zug in die Geschichte bringen. Wir würden eine selbstbewusste Frau beschreiben, die sich in der Männerwelt behauptet. Davon aber handeln andere Geschichten, diese jedoch nicht. Ausschmückungen wollen nicht die Geschichte im Kern ändern und behalten den Bibeltext als Grundlage.

Manche Menschen benutzen zum Erzählen den POZEK-Schlüssel, der oft als Hilfestellung angeboten wird. Er sagt, dass ich mir über **P**erson-**O**rt-**Z**eit-**E**reignis-**K**erngedanke klar werde und daraus meine Erzählung forme.
Den POZEK-Schlüssel finde ich nicht hilfreich, er ist mir zu formalistisch. Er lässt wichtige Dinge außer Acht, z.B. die Gefühlslage, die Sympathie für manche Person, den Blickwinkel der Erzählung, die Fülle der Bilder. Die Vorstellung eines Kerngedanken, auf den alles in der Geschichte hinläuft, ist problematisch und verengt meinen Blick.

PERSPEKTIVENWECHSEL

Es ist auch gut möglich, eine Geschichte aus der Sicht einer einzelnen Person zu erzählen. In unserem Beispiel könnte das die Sicht der verkrümmten Frau sein.

Mein Rücken ist ganz krumm.
Ich kann nicht mehr gerade und aufrecht stehen.
Seit 18 Jahren habe ich diese Krankheit –
es kommt mir vor, als wäre es mein ganzes Leben lang.
Nicht mehr gerade stehen ...
Als Kind war ich noch gesund.
Da konnte ich noch umherlaufen, springen und spielen.
Dann kamen die Schmerzen wie ein böser Geist.
Heute bin ich nur noch gebeugt. –

Am Sabbat, da gehe ich zur Synagoge. Da höre ich aus den Heiligen Schriften.
Sonst höre ich meistens nur Schimpfworte. »Dummes Weib, verschwinde ...«
Am Sabbat höre ich heilige Worte, und gemeinsam rufen wir den Ewigen an.

Heute ist etwas Besonderes in der Synagoge.
Ein Wanderprediger ist in unser Dorf gekommen, der berühmte Jesus von Nazareth.
Ich bin gespannt, wie er reden wird ...

Erzählungen aus der Sicht einer Person zeigen manchmal einen neuen Blick auf die Geschichte. Aber sie sind nicht leicht zu erzählen. Ich muss sehr konsequent bei meiner Sicht bleiben. Die Frau sieht mit ihrem krummen Rücken nur den Fußboden und bekommt nicht alle Einzelheiten mit. Ich darf ihre Perspektive nicht verlassen.

Es wäre auch möglich, sich in die Rolle des Synagogenvorstehers zu begeben und aus seiner Sicht zu erzählen. Das bietet sich besonders an, wenn man den Streit um die Sabbatheilung miterzählt.
Auch aus der Sicht eines Kindes kann erzählt werden, aber da ergeben sich kaum andere Aspekte als beim »normalen« Erzählen, das aus der Sicht eines »neutralen und unsichtbaren Beobachters« geschieht. Es stimmt auch nicht, dass Kinder eine Geschichte besser verstehen, wenn ein Kind darin vorkommt – für so fantasielos sollte man Kinder nicht halten.

Vollends überzogen finde ich es, kleine Tiere zu erfinden, die dann die Geschichte wiedergeben:

Ich bin eine kleine Maus. Ich wohne in der Synagoge.
Da ist es ganz schön!
Ich habe eine kleine Wohnung eingerichtet in meinem
Mauseloch in der Ecke, da ist es ganz gemütlich.
Nur einmal in der Woche kommen ganz viele Leute,
da verkrieche ich mich in mein Mauseloch.
Und da habe ich neulich etwas gesehen, unglaublich.
Die Frau mit dem krummen Rücken war wieder da ...

Bei dieser Erzählung bekommt die Maus mehr Aufmerksamkeit als die Personen der biblischen Geschichte.

AUSWIRKUNGEN

Erzählungen aus der Sicht anderer Personen können hilfreich sein, nicht nur für die Erzählung, sondern auch für mein eigenes Verständnis eines biblischen Textes. Aber das gilt für alle Ausschmückungen und alle Überlegungen, die ich in Bezug auf die erste Erzählregel mache. Sie ändern meine Einstellung zum Text.
So wird jede Erzählung auch eine Interpretation der Geschichte. Das ist gar nicht zu vermeiden – warum auch?

Weil erzählen aber auch interpretieren ist, verlangt es eine sorgfältige Vorbereitung meiner Erzählung. Es gibt auch Bilder und Gedanken, die nicht hineingehören in eine Erzählung, die unüberlegt oder banal sind. Theologische Überlegungen und Auseinandersetzungen über den Gehalt der Texte helfen mir, bestimmte Vorstellungen zu bevorzugen und andere wegzulegen. Darum wähle aus der Fülle der möglichen Bilder auch die geeigneten aus. Frage dich:
– Ist die Vorstellung, die ich erzählen will, auch in sich schlüssig, ist sie einsichtig für den Zuhörer?
– Sagt mein Bild etwas aus, das mir wichtig ist, das mir lieb oder heilig ist? Oder bleibt es belanglos?

– Kann meine Vorstellung gar eine wichtige Botschaft »zwischen den Zeilen« transportieren, zeigt sie Gefühle, Befindlichkeiten oder auch Widersprüche?

Es sind viele verschieden Erzählungen einer Geschichte möglich. Aber das, was ich mal so eben aus dem Ärmel schüttele und unüberlegt weiterplaudere, das ist für eine Erzählung nicht geeignet.

Und weiter gilt: Meine Art zu erzählen ändert (oder bestätigt) auch bei den Zuhörenden manches Verständnis vom Text.
Bei Zuhörenden, die meine Geschichte »im Prinzip« schon kennen, ändern sich gewohnte Bilder, Gefühle werden wach, manche Redewendung, mancher Nebenzug der Erzählung überrascht. Einige Menschen reagieren verwundert, viele nachdenklich oder begeistert, manche auch aggressiv.
Bei Zuhörenden, die biblische Geschichten noch gar nicht kennen, ist oft das Erstaunen groß, wie »echt« und lebensnah die Geschichten sind. Tatsächlich werden sie ja auch seltsam real, sie »passieren« in diesem Augenblick des Erzählens. Die Frage nach dem historischen Gehalt erscheint jetzt völlig unbedeutend, wenn eine Erzählung gerade mit dem inneren Auge geschaut wurde.

Manche Leute sagen, sie können nicht erzählen, weil sie »keine Fantasie« haben. Es entstehen in ihnen keine Bilder.

Ich mag es kaum glauben. Es ist unmöglich, sich einen Raum – die Synagoge – vorzustellen und zu sagen, ob er hell oder dunkel, voller Menschen oder halbleer ist? Ich vermute, es ist eher die Angst, sich etwas »Falsches« vorzustellen, sich nicht entscheiden zu können, welches Bild man wählen soll.

Wenn dir wirklich gar nichts einfällt, dann schaue in ein gutes Bilderbuch. Oder nimm eine gute Kinderbibel. Schau die Bilder an und auch die Erzählungen. Aber plappere sie nicht einfach nach. Mache deine eigene Erzählung.

Vielleicht helfen auch die Übungen auf den nächsten Seiten.

ÜBUNGEN ZUR ERSTEN REGEL

Das Gleichnis vom Richter und der Witwe
(Lukas 18,2–5)

Dieses Gleichnis spricht davon, dass eine Witwe zu einem Richter geht und ihr Recht einklagt. Welche Bilder von den handelnden Personen haben wir?

Ist der Richter ein gerechter Mensch, der die Frau mit Respekt behandelt – oder ein unangenehmer, fauler Kerl, der nur auf seinen Vorteil bedacht ist? Wiegt er ängstlich die Interessen ab?

Mehr noch prägt das Bild der Witwe den Charakter der Geschichte, ist sie doch eine Person, mit der sich die Zuhörer leicht identifizieren.

Ist es eine alte oder eine junge Frau, ist sie unterwürfig und erregt allein dadurch Mitleid? Oder ist sie selbstbewusst, weiß um ihr Recht und kommt deshalb immer wieder? Lies die ganze Geschichte und suche die Bilder, die für dich zum Ablauf der Geschichte passen.
– Erzähle den Anfang des Gleichnisses, wie die Frau zum ersten Mal vor den Richter tritt.

Die Rettung des Mose im Binsenkorb
(2 Mose 2,1–10)

Hier wird beschrieben, wie Mose als Baby in einem Binsenkorb im Nil ausgesetzt wird, um vor den Soldaten des Pharao geschützt zu sein.
– Beschreibe, wie die Mutter/die Schwester den Korb im Schilf abstellt. Kontrastiere die schöne Landschaft und die tödliche Gefahr.

Die Erscheinung des Engels vor Maria
(Lukas 1,26–37)

Hier wird von einem Engel erzählt, der Maria die Geburt ihres Kindes Jesus ankündigt.
– Beschreibe den Ort, an dem diese Geschichte passiert. Pass dabei auf, dass du nicht eine deutsche Einbauküche beschreibst.
– Beschreibe den Engel. Pass dabei auf, dass du nicht alle Klischees der Weihnachtsindustrie wiedergibst. Vielleicht willst du den Engel aber auch gar nicht

beschreiben. Vielleicht reicht es, von einem Licht zu reden oder nur die Botschaft wiederzugeben.

Der Kampf zwischen David und König Saul
(hier: 1 Samuel 24)

Dieser Kampf hat auch eine wunderschöne und spannende Geschichte von Friedenswillen und Großmut, als David den König vor dem Tod bewahrt. Sie spielt in einer Höhle, in die David sich mit seinen Kriegern zurückgezogen hatte und die Saul (alleine!) aufsucht.
- Beschreibe David und seine Krieger, die sich in die Höhle zurückziehen!
- Beschreibe, wie David sich zum König schleicht und einen Zipfel seines Mantels abschneidet.

3. DIE ZWEITE REGEL: BENUTZE WÖRTLICHE REDE!

WAS HÖRE ICH?

Während das innere Bild zeigt, was ich sehe, bezieht sich die zweite Regel darauf, deutlich machen, was ich höre.
Bisher habe ich mit dem inneren Auge geschaut, in diesem Kapitel soll nun das »innere Ohr« geöffnet werden.
Was höre ich alles? Die Wassertropfen, die in der Höhle von der Decke fallen? Den knirschenden Sand, wenn das Schiff auf das Ufer aufsetzt? Das Segel, das im Sturm flattert und knattert?
Und vor allem: höre ich die Menschen, wie sie miteinander reden? Als Erzähler kann ich daneben stehen und ihnen zuhören. Was sagen sie? *Wie* sagen sie es?
Dazu muss ich meine Personen in der wörtlichen Rede sprechen lassen:

Mose steht vor dem Pharao. Er verbeugt sich tief.
»Wer bist du?«, fragt der Pharao, »was willst du hier?«
»Ich komme im Auftrag unseres Gottes. Er lässt dir ausrichten: Lass das Volk der Hebräer ziehen. Es soll nicht länger dein Sklavenvolk sein!«
Der Pharao springt auf: »Verschwinde, du unverschämter Wicht! Lass dich hier nicht wieder blicken!«

Wie anders klingt die Geschichte in indirekter Rede:

*Mose steht vor dem Pharao. Er verbeugt sich tief.
Der Pharao fragt, was er wolle. Mose sagt, er komme im Auftrag Gottes, der möchte, dass das Volk der Hebräer frei ziehen könne.
Der Pharao springt auf und sagt Mose, er solle verschwinden.*

Indirekte Rede ist farblos und umständlich. Mehr noch: Bei indirekter Rede kann ich kaum noch Betonung in die Stimme legen, meine Erzählung wird monoton. Bei wörtlicher Rede hingegen kann ich Mose so sprechen lassen, wie ein mutiger Mann eben reden würde.
Denn das gehört zur wörtlichen Rede unauflöslich hinzu: Ich muss so reden, wie es dem Charakter des Sprechenden entspricht. Wenn der Pharao redet, so spreche ich langsam und würdevoll, »von oben herab«. Wenn er wütend wird, ist seine Würde dahin, er wird laut, die Stimme wird gepresst. Wie redet Mose? Sehr selbstsicher, klar und ohne Zögern, mit Gottes Auftrag im Rücken? Oder wie ein Mensch voller Angst, leise und stockend, vielleicht aber auch rasend schnell und sich verhaspelnd?

Wieder helfen mir die inneren Bilder, die richtige Tonlage zu treffen. Ich sehe die Menschen an, die dort reden, ich erkenne, ob sie aufgeregt sind oder befehlsgewohnt oder schüchtern. Dann rede ich auch so, wie es ihrer Stimmung entspricht.

Es ist dabei nicht nötig, die Stimme zu verstellen, indem ich etwa als Mann eine Frauenstimme nachmache. Das wirkt leicht lächerlich. Wichtig ist es, den Charakter einer Aussage in der Stimme wiederzugeben.

Das erfordert Mut. Es ist nicht leicht, so weit aus sich herauszugehen. Plötzlich soll ich »ängstlich« reden oder als herrschsüchtiger Despot Befehle erteilen. Besonders bei erwachsenen Zuhörern fällt es anfangs schwer, so emotional zu reden. Erst wenn ich merke, wie solche Rede die Zuhörenden in den Bann zieht, wird es mir leichter fallen.

Auch hier ist natürlich, wie überall, die Gefahr der Übertreibung groß. Wenn alle Personen nur noch schreien, heulen und flüstern, wird meine Erzählung schnell albern. Meine Betonung muss dezent bleiben, und die Extreme bleiben für die Höhepunkte der Geschichte aufgespart.

HOCH- UND TIEFSTATUS

Hochstatus in einem Gespräch hat die Person, die souverän ist. Sie redet ruhig, klar und unaufgeregt. Sie fragt nicht, sondern stellt einfach etwas fest. Wenn Jesus im schwankenden Boot zwischen schreienden Jüngern dem Sturm gebietet, braucht er nur ein Wort:
»Still!«
Schon beim Hören dieses Wortes sieht man, wie das Meer ruhig wird.

Tiefstatus hat die Person, die unsicher ist: Die ängstlichen Jünger im Boot, laut oder weinerlich, schnell atmend, schreiend und letztlich hilflos.

Reizvoll ist es, diese Charaktere aufeinanderstoßen zu lassen und zu kontrastieren. Reizvoll ist es auch, wenn bei einer Person der Status sich ändert. Der hilflose Bartimäus gewinnt Vertrauen und Selbstsicherheit durch seine Heilung. Das sollte auch in der Art seiner Rede deutlich werden – souverän.
Reizvoll und humorvoll kann es sein, wenn jemand formal den Hochstatus hat (»Ich bin der König!«), aber in seiner Rede ganz unsicher wird.

In biblischen Geschichten hat Jesus oft den Hochstatus. Reizvoll und theologisch bedeutsam sind aber auch die Geschichten, in denen er ihn verliert.

SELBSTGESPRÄCH

Nicht nur dann, wenn Menschen miteinander reden, setze ich wörtliche Rede ein. Sie hilft mir auch, Gedanken und Gefühle einer Person deutlich zum machen, indem ich sie Selbstgespräche führen lasse.

Zögernd ging er weiter. »Was soll ich nur tun?«, dachte er bei sich, »wie soll ich das Rätsel lösen? Ich glaube, ich schaffe es nicht. ... Ob ich versuche, zurückzulaufen? ... Ach, ich weiß nicht weiter.«

Auch Selbstgespräche brauchen die wörtliche Rede und – in diesem Fall – das langsame und nachdenkliche Reden.
Leider wird gerade bei den eigenen Gedanken der Personen allzu oft indirekte Rede oder abstrakte Sprache benutzt:

Er überlegte, was er weitermachen solle.
oder
Er war ganz verzweifelt, weil er nicht mehr weiterwusste.

Solche Sätze bleiben blass und können auch nur schwer betont werden.

Darüber hinaus können mir Selbstgespräche auch helfen, einen Handlungsablauf durch eine Person der Geschichte selbst erzählen zu lassen.

Zögernd ging er weiter. »Was soll ich nur tun?«, fragte er sich noch einmal. »Aber da – was ist das? Da vorne, ein Licht! Ein Feuer – und drei Personen am Feuer. Ja, die werde ich fragen. Vielleicht lösen sie mein Rätsel ... Ich grüße euch, ihr Drei am Feuer. Ich bin in Not, bitte helft mir!«
»Wer bist du, Fremder, und was willst du von uns?«
»Hört zu! Man gab mir ein Rätsel auf ...«

Lasst die Personen einer Geschichte reden. Dann stehe ich daneben und kann sie hören. In manchen Fällen kann ich sogar eine ganze Geschichte als einen solchen Dialog gestalten.

DER ECHTE DIALOG

Wenn zwei Personen miteinander reden, erzähle ich dies so, dass ich einfach die beiden wörtlichen Reden nebeneinander stelle. In aller Regel kann ich das »sagte der eine« dabei weglassen, denn im Charakter der Stimmen unterscheiden sich die Personen meist deutlich. Besonders im Streitgespräch, im schnellen, heftig geführten Dialog würden die kurzen Ergänzungen »sagte der andere« sehr stören.

> *»Lass das, gib her, es ist meins!«*
> *»Wie kommst du darauf? Mir gehört es!«*
> *»Unsinn! Es war schon immer meins!«*
> *»Lass los! Du bekommst es nicht.«*
> *»Ich brauche es jetzt ganz schnell!«*
> *»Jetzt hast du es kaputt gemacht, du Dummkopf!«*

Ein solches Streitgespräch, kurz und heftig geführt, hat alle Aufmerksamkeit der Zuhörer.

ERGÄNZUNGEN

Manchmal ist es hilfreich, in einer Geschichte noch Personen hinzu zu erfinden, um Dialoge möglich zu machen.
So kann in dem Gleichnis Jesu vom großen Abendmahl (hier: Lukas 14,21+22) an der Stelle, wo der Hausherr sagt:

»Geh schnell hinaus ... und führe die Armen und Krüppel und Blinden und Lahmen hier herein!«
Und der Knecht sagte: »Es ist geschehen, was du befohlen hast.«

erzählt werden, wie die Eingeladenen auf diese Aufforderung reagieren. Es sind vielleicht gar nicht alle begeistert und wollen mitgehen, manche wittern eine Falle oder sind schlicht unfähig zu kommen. Eine solche Ausweitung der ursprünglichen Erzählung macht die Brisanz der Einladung nur noch deutlicher.

Aber Vorsicht. Leicht kann auch eine Fülle von Krankengeschichten die eigentliche Erzählung überdecken. Oder man kann der Versuchung erliegen, die Einladung abzulehnen und damit die Geschichte »auf den Kopf« zu stellen. Trotzdem: die Kommentare zur Einladung sind eine reizvolle Ausgestaltung der Erzählung.

VOLKSGEMURMEL

Manchmal ruft das ganze »Volk« einen Kommentar. Am Ende von Wundergeschichten heißt es meistens:
»Und alles Volk, das dabei stand, wunderte sich über alle Maßen und lobte Gott.« Oder so ähnlich.
Was für eine wundervolle Gelegenheit zum Erzählen in wörtlicher Rede!
Gib dem Volk deine Stimme. Lass es rufen:

»Hast du das gesehen?«
»Was war denn da, ich habe es gar nicht mitbekommen.«
»Der Blinde kann wieder sehen.«
»Ein Wunder! Gelobt sei der Ewige!«
»Halleluja!«

Auch kritische Stimmen sind dabei, nicht alle haben die Wunder bejubelt:

»Das gibt es doch gar nicht!«
»Da muss ein Trick dabei sein.«
»Kann der Blinde wirklich sehen?«
»Abgekartertes Spiel!«

Unterschiedliche Reaktionen im Volk nehmen alle Zuhörer mit in die Auseinandersetzung. Jeder findet sich irgendwo wieder.

Ein Volksgemurmel zu erzählen ist nicht ganz einfach.

Blitzschnell wechseln die Rede und der Charakter der Person. Andererseits muss kein Satz zu Ende formuliert sein, die Leute fallen sich ständig ins Wort – und wenn ich nichts mehr weiß, lasse ich sie *Halleluja!* rufen.

Dann klingt es etwa so:

»Hast du das ...?«
»Was war denn da, ich habe ...?«
»Der Blinde kann wieder sehen.«
»Das gibt es doch gar nicht!«
»Da muss ein Trick ...«
»Ein Wunder! Gelobt sei ...!«
»Kann der Blinde wirklich ...?«
»Abgekartert ...!«
»Halleluja!«

ERNEUT DAS BEISPIEL: DIE HEILUNG DER VERKRÜMMTEN FRAU

Ich wähle erneut diese Geschichte, um nun die zweite Regel anschaulich zu machen. Im zweiten Teil ist viel »Gelegenheit« zu wörtlicher Rede.
Doch zuerst noch einmal den Orginaltext:

Und Jesus lehrte in einer Synagoge am Sabbat.
Und siehe, da war eine Frau, die hatte seit 18 Jahren einen Geist,
sie war verkrümmt und konnte sich gar nicht mehr aufrichten.
Als aber Jesus sie sah, rief er sie zu sich und sagte zu ihr:

»Sei frei von deiner Krankheit.«
Und er legte die Hände auf sie;
und sogleich richtete sie sich auf und pries Gott.
(Lukas 13,10–13)

– Die Frau steht mit ihrem krummen Rücken in der Synagoge, hinten, irgendwo bei den anderen Frauen. Plötzlich sieht Jesus sie. Er ruft sie.
  ▸ Wie ruft er sie? Mit welchen Worten, mit welcher Stimmlage?

Vielleicht mit folgenden einfachen Worten, eher sachlich-neutral:
   »Komm zu mir!«
Oder auch:
   »Du … ja du, dort hinten in der Ecke … tritt heraus, komm zu mir!«

– Die Frau erkennt, dass sie gemeint ist. Woher weiß sie es? Jesus wird sie nicht mit Namen angeredet haben. Die Frau wird sich fragen: Ruft er mich?
  ▸ Was für ein Selbstgespräch kann die Frau vor sich hinmurmeln?

Vielleicht ganz aufgeregt und schnell:
»Hat er mich gemeint? Ja, wirklich, er hat mich gemeint!«
Die Frau hebt den Kopf. Es hat sich eine Gasse gebildet bei den Leuten. Sie kann bis nach vorne zum Rabbi schauen. Er schaut sie an.

»Ich gehe zu ihm. Schnell, ich will zu ihm. Er hat mich gerufen!«

- Nun geht sie los. Sie kann nicht schnell laufen. Es wird seine Zeit dauern, bis sie bei Jesus ist.
    ▸ Ist es während dieser Zeit still in der Synagoge? Oder was sagen die Leute?

Die Frau geht nach vorne. Ihr Stock klappert auf dem Boden.
Doch dann reden alle durcheinander:
»Was soll denn das? Das geht aber nicht!«
»Sie kann doch nicht einfach nach vorne. Eine Frau. Diese Frau.«
»Der Rabbi hat's doch gesagt.«
»Ich kann gar nichts sehen. Lass mich doch auch einmal schauen.«
»Guck mal, jetzt steht sie vor ihm.«

- Jetzt steht sie vor Jesus, noch immer gekrümmt. Jesus sagt: »Sei frei von deiner Krankheit.«
    ▸ Soll Jesus genau diese Worte sagen? Oder sagt er einfach: »Du sollst gesund sein?« *Wie* sagt Jesus diese Worte?

Ich lasse Jesus hier wieder sachlich-nüchtern reden. Dies ist ein für viele Situationen gültiger Tipp, den ich unten näher erläutere.

- Wenn die Frau sich aufrichtet und Jesus mit geradem Blick in die Augen schauen kann, ...
  - ▸ Was sagt sie dann? Oder bleibt sie einfach stumm?
  - ▸ Wie klingt es, wenn sie Gott lobt?

Auch hier habe ich einen allgemeinen Tipp (siehe unten) und lasse dementsprechend diese Stelle so klingen:
... *»Da ist es der Frau, als ob ein Strom warmen Lebens durch ihren Rücken geht, und sie kann sich aufrichten, Stück für Stück ...«*
Jetzt steht sie gerade vor ihm. Noch ungläubig ihr Blick, noch geflüstert ihre Worte: »Gott ... sei ... Dank!«
Sie dreht sich langsam um. Sie schaut die Menschen an. Noch einmal sagt sie:
»Gott sei Dank!«
Und sie läuft aus der Synagoge hinaus. Draußen hört man sie rufen:
»Gott sei Dank!!«

- Und schließlich ist immer noch »das Volk« in der Synagoge.
  - ▸ Wie reagiert es auf das Wunder?

Ich stelle mir »Kommentare« vor, neugierig, begeistert und auch unsicher:
»Was ist denn da geschehen?«
»Hast du das gesehen?«
»Das gibt es doch nicht. Das kann nicht die Frau gewesen sein.«

»*Aber wir haben es doch alle gesehen.*«
»*Ich konnte gar nichts sehen.*«
»*Sie ist geheilt. Sie ist ganz aufrecht.*«
»*Was ist da bloß passiert?*«

– Ja, was ist da bloß passiert?

Zwei Tipps – schon oben angedeutet – möchte ich hier geben:
Wenn Jesus redet, bin ich sehr zurückhaltend, was die Emotionalität seines Sprechens angeht. Ich lasse ihn meistens »neutral«, ohne Betonung sprechen. Alles andere wird schnell komisch und kitschig. Wenn er also der Frau zuruft: »Komm zu mir!« und ich spreche einen solchen Satz befehlsmäßig wie ein König oder mitleidsvoll wie Helfer, wird es schnell unglaubwürdig. Auch den Satz »Du sollst gesund sein!« spreche ich einfach neutral.
Schwierig ist es auch, den Dank der Frau oder ihr Gotteslob in wörtlicher Rede zu bringen. Ich stelle mit vor, wie sie jubelnd durch die Synagoge tanzt und verzückt schreit. Aber wenn ich die Erzählung »verzückt« machen würde, wäre sie albern.
Ich lasse darum die Frau in stiller Art, noch fast ungläubig, sprechen.

Wörtliche Rede macht Geschichten ungemein lebendig, wenn ich auf ihre Betonung achte. Und ich sage in dieser Betonung mehr über den Charakter der sprechenden Personen als mit vielen Worten.

IDENTIFIKATION DURCH SPRECHWEISE

Wir sind normalerweise sehr darauf bedacht, unsere Sätze korrekt zu formulieren. Das ist sicherlich wichtig und richtig. Aber eine viel bedeutendere Botschaft geben wir jenseits der Formulierung mit unseren Betonungen, mit unserem Ausdruck, mit der Körpersprache – kurz gesagt: damit, wie sehr wir in unserem Bild sind.
Hier ist der Ort, an dem die Verbindung zum Zuhörer geknüpft wird. Denn wenn wir Geschichten erzählen, dann können die Zuhörenden in eine Person der Geschichte »hineinschlüpfen«, sie verschmelzen mit ihr in unserer Erzählung, sie werden aufgeregt, sie nehmen Partei, sie bekommen Herzklopfen.

»Ja«, sagen sie beispielsweise bei der Geschichte von Jakob und Esau, »das kenne ich doch auch, diesen Streit, das ist doch auch meine Geschichte, die da erzählt wird, so redet der XY doch auch immer mit mir, in diesem verächtlichen Tonfall.«
Allerdings: Ich muss auch wirklich von einem Streit erzählen. Ich muss einen scharfen Ton in die wörtliche Rede legen (oder einen verächtlichen oder einen ängstlichen). Meine Rede muss laut werden, wenn der Streit eskaliert. Es ist wie ein Streit im »richtigen« Leben.
Es ist wichtig für unsere Erzählungen, dass die verschiedenen Charaktere und Lebenssituationen der biblischen Geschichten auch deutlich werden. Es muss Platz sein für den lauten Streit und später für die Versöhnung

und den zärtlichen Tonfall, es dürfen die Aggressionen vorkommen und das Laute wie auch an anderer Stelle das Nachdenkliche und Verträumte. Irgendwo müssen die Zuhörer anlegen können mit ihrer Lebenserfahrung, in der all diese Situationen ja auch vorkommen.

Biblische Geschichten werden oft nur sachlich oder liebevoll-sanft erzählt. Aber wenn ich nur sachlich bin, wird es langweilig, wenn ich immer nur sanft und leise erzähle, dann sind die Geschichten schnell unglaubwürdig.

Ich muss nicht als Junge mit Brüdern zusammenleben, um mich im Streit von Jakob und Esau wiederzufinden. Ich verstehe ihn auch, wenn ich als Mädchen Streit mit Freundinnen habe. Ich verstehe die Situation auch, wenn sie in einer mir fremden Welt spielt, im Nomadenzelt oder am Königshof oder sonst wo. Ich erkenne den Streit am Tonfall der Stimme und bin dann mitten in der Geschichte. Es ist Unsinn, zu glauben, Mädchen könnten sich nur mit Frauen in der Bibel identifizieren. Es ist Unsinn, zu glauben, ich müsse »modern« erzählen mit Beispielen aus unserem heutigen Alltagsleben. Es ist Unsinn zu glauben, ein Kind könne sich nicht mit den erwachsenen Männern identifizieren. Ich brauche nur mit meiner Stimme eine glaubwürdige Wiedergabe des Streites zu geben. Streit kennt jede und jeder.

Vielleicht helfen ja die Übungen dazu, die wörtliche Rede angemessen zu betonen.

ÜBUNGEN ZUR ZWEITEN REGEL

Der Herr ist mein Hirte, mir wird nichts mangeln.
Er führet mich auf grüne Auen und weidet mich am frischen Wasser.
Dieser bekannte Anfang aus Psalm 23 kann sehr unterschiedlich betont werden:
– Lege ihn einem Menschen in den Mund, der ihn ganz ergriffen spricht.
– Oder jemanden, der ihn völlig albern findet.
– Lass ihn jemand sagen, der ihn voller Geheimnisse sieht,
– oder jemand, der andere überzeugen will.
– Lass ihn voller Staunen sprechen
– oder auch völlig gelangweilt.

Der Stuhl kneift!
Stelle dir vor, dass der Stuhl, auf dem du gerade sitzt, dich kneift.
Der kann das! Der tut das! Ganz doll! Das tut weh!
– Springe auf und schimpfe den Stuhl kräftig aus!
(Und wenn du später eine biblische Geschichte vom Streit erzählst, dann denke an den Stuhl!)

Die Sturmstillung
(Lukas 8,22–25)

bietet ein schönes Beispiel für die Möglichkeiten des Dialoges. Wie klingt das Gespräch der Jünger untereinander im Boot?

- Gib das Gespräch am Anfang wieder, wenn noch keine Gefahr besteht.
- Gib das Gespräch wieder, wenn das Boot voll Wasser schlägt.
- Setze ein Wort Jesu (z.B.: »Still!«) im »Hochstatus« dagegen.

Im Gleichnis vom großen Gastmahl
(hier: Lukas 14,21)

heißt es:
Da wurde der Hausherr zornig und sagte zu seinem Knecht: »Geh schnell hinaus auf die Straßen und Gassen der Stadt und führe die Armen und Lahmen und Blinden und Krüppel hier herein.«

An diesem Teil der Geschichte lässt sich viel »Dialog üben«:
- Wie spricht der Hausherr einen solchen Satz?
- Was denkt der Knecht, als er losgeht? (Selbstrede)
- Wie spricht der Knecht seine Einladung aus?
- Was antworten die Eingeladenen?

▸ Erzähle!

Das Gleichnis vom Richter und der Witwe
(Lukas 18,2–5)

hat viele Dialogszenen. Immer wieder kommt die Frau zum Richter und wiederholt ihr Anliegen. Wie redet sie dabei?

Passt mein Reden zu dem Bild, das ich mir von ihr gemacht habe?
Wie klingen die Antworten des Richters?

▶ Erzähle, wie die Frau zum dritten Mal zum Richter kommt!

Zur Erzählpraxis - Besonderheiten und Tipps

4. WÄHREND DES ERZÄHLENS – BESONDERHEITEN UND TIPPS

Beim Erzählen passieren leicht »Zwischenfälle«, die ich zum Teil selber provoziere oder die von außen kommen. Ich möchte im Folgenden solche Besonderheiten vorstellen, kommentieren und Tipps zu deren Überwindung geben. Ich benutze dazu noch einmal Ausschnitte aus der Erzählung von der Heilung der verkrümmten Frau, die auch bisher als Beispiel diente.

FRAGEN DES ERZÄHLERS

Stell dir vor – ein Dorf, damals in Israel. Ein Haus am Rande des Dorfes, klein und unscheinbar. Die Tür öffnet sich, eine Frau tritt heraus. Ihr Rücken ist ganz krumm, sie kann sich nicht gerade aufrichten. Mühsam geht sie, auf einen Stock gestützt, den Weg in das Dorf.

Es ist Sabbat, die Menschen arbeiten heute nicht, sie versammeln sich in der Synagoge zum Beten. Sie sind vornehm gekleidet.
Die Frau hat keine gute Kleidung. Sie sieht ärmlich aus. Nur langsam kommt sie voran. Der Rücken tut ihr so weh! Sie hält inne, stützt sich auf den Stock. Dann geht sie weiter, Schritt für Schritt.
Kennt ihr das auch, das jemand ganz krumm ist am Rücken? Kennt ihr das, dass jemand nicht gerade gehen kann und sich immer auf einen Stock stützen muss? Erzählt mal davon!

Der letzte Satz tut weh!
Gerade habe ich meine inneren Bilder aufgebaut, gehe mit der Frau zur Synagoge, da werde ich herausgerissen und soll überlegen. Natürlich fallen mir Beispiele ein und ich könnte sie nennen, alte Menschen mit Rollwagen, neulich im Supermarkt habe ich sie gesehen ... aber wie komme ich vom Supermarkt wieder in das Dorf in Israel?

In vielen Erzählbüchern werden Zwischenfragen als »Zuhörerbeteiligung« propagiert, in manchen schriftlichen Erzählungen der Kindergottesdienstliteratur werden Fragen der Art »Und wie könnte es jetzt weitergehen?« vorgeschlagen.
Ich finde diese Zwischenfragen fürchterlich. Sie nehmen den Zuhörer nicht hinein in die Geschichte, sie führen ihn hinaus. Erzählungen sind etwas anderes als ein Gespräch. Erzählungen leben davon, dass ich in ih-

ren Bildern bleibe. So wertvoll es auch sonst sein mag, Menschen in ein Gespräch zu ziehen und von sich erzählen zu lassen – meine eigene Erzählung geht dabei kaputt. Die inneren Bilder sind empfindlich. Vermeiden wir daher, sie von uns aus durch Fragen zu zerstören.

ZWISCHENRUFE UND ZWISCHENFRAGEN

Jetzt steht die Frau vor Jesus. Noch immer ist sie ganz gebeugt. Sie dreht den Kopf, um Jesus anschauen zu können. Jesus lächelt sie an.
Langsam streckt Jesus seine Hand aus, legt sie der Frau auf den Kopf. Leise sagt er dazu: »Frau, sei frei von deiner Krankheit!«
Da ist es der Frau, als ob ein Strom warmen Lebens durch ihren Rücken geht, und sie kann sich aufrichten, Stück für Stück ...
– (Ein Zuhörer ruft:) »Das gibt es nicht! Das glaub ich nicht!«

Nicht immer kommen die Zwischenfragen vom Erzähler. Manchmal kommentieren auch Zuhörer die Erzählung, eifrige Kinder möchten ihre Bemerkungen loswerden oder kritisch ihre Skepsis zeigen. Manchmal sind es auch einfache Fragen oder Kommentare zur Erzählung. Wie auch immer – solche Zwischenrufe stören. Sie zerstören den Fluss der Geschichte und die inneren Bilder.

Wie gehe ich damit um?
Manchmal sind es Zwischenrufe, die direkt mit der Geschichte zusammenhängen. Da kann es gelingen, diesen Kommentar direkt in die Erzählung einzubauen. Im obigen Beispiel würde es so klingen:

Langsam streckt Jesus seine Hand aus, legt sie der Frau auf den Kopf. Leise sagt er dazu: »Frau, sei frei von deiner Krankheit!«
Da ist es der Frau, als ob ein Strom warmen Lebens durch ihren Rücken geht, und sie kann sich aufrichten, Stück für Stück ...
– (Ein Zuhörer ruft:) »Das gibt es nicht! Das glaub ich nicht!«
Die Leute in der Synagoge rufen: »Das gibt es nicht! Das glaub ich nicht!«
»Aber wir haben es doch selber gesehen.«
»Was war da? Ich konnte gar nichts sehen.«
»Unglaublich!«
Die Frau steht vor Jesus. Aufrecht.
Sie flüstert: »Gott ... sei ... Dank!« ...

Das sind wunderbare Momente, wenn sich Störungen so integrieren lassen. Aber man braucht dafür starke Nerven und Schlagfertigkeit.
Und man braucht einen Zwischenruf, der in die Geschichte passt. Manchmal ruft ein Kind auch dazwischen: »Zu Weihnachten bekomme ich ein neues Fahrrad.« Solche Rufe lassen sich nicht mehr integrieren. Manchmal kann man sie ignorieren und einfach wei-

tererzählen. Wenn aber andere auch noch ihre Weihnachtsgeschenke kundtun, dann ist meine Erzählung erst einmal kaputt, ich muss sie abbrechen. Schade!

In diesen ersten beiden Beispielen ging es darum, dass eine Erzählung als eine geschlossene Einheit erhalten bleiben soll und keine Unterbrechung erfährt. Um das zu erreichen, sind noch ein paar Tipps hilfreich:

! Tipps

– *Erzähle in einem Raum mit wenigen Ablenkungsmöglichkeiten.*

Ein Raum braucht eine Erzählatmosphäre. Der Blick kann sich auf etwas konzentrieren – auf einen Blumenstrauß oder eine Kerze in der Mitte des Erzählkreises. Keine weiteren Geräusche, keine Radiomusik im Hintergrund, die Spielzeugkiste ist weggeräumt. Alle sitzen bequem und nicht zu eng. Handys sind ausgeschaltet. Das sind die Idealbedingungen, und nicht überall lassen sie sich verwirklichen. Je weniger davon möglich ist, umso schwieriger die Erzählung.

– *Mache klar, wann deine Erzählung anfängt und wann sie aufhört.*

Diese Tipp klingt banal und ist doch ungemein wichtig. Ihn zu beherzigen, hilft deutlich zu machen: jetzt ist die

Zeit zum Zuhören. Später kommt die Zeit zum Spielen, zum Fragen, zum Rumlaufen. Aber jetzt nicht.

– *Gib ein akustisches oder optisches Zeichen für den Beginn und das Ende der Erzählung.*

Leite deinen ersten Satz mit einem Schlag auf die Klangschale ein. Beende die Geschichte ebenso.
Oder:
Nimm eine Kerze (die »Erzählkerze«), zünde sie zu Beginn an und puste sie am Schluss aus.
Oder:
Lege dir ein Tuch um die Schulter, mit dem du dich als Erzähler »verkleidet« hast.

Ich habe eine Lehrerin bei einer Examenslehrprobe erlebt, die wunderbar erzählen konnte. Doch diesmal, ausgerechnet im Examen, hatte ein Schüler eine Frage und meldete sich unaufhaltsam. Die Lehrerin hatte sich zur Erzählung ein Tuch um die Schultern gelegt und nahm es nun ab. Erst dann ging sie auf die Frage ein. Als alles beantwortet war, legte sie das Tuch wieder um und konnte ohne ein weiteres Wort der Überleitung ihre Erzählung fortsetzten. – Ein wunderbarer souveräner Umgang mit einer Zwischenfrage, der durch das Ritual des Verkleidens möglich geworden war.

– *Es ist hilfreich, den ersten und den letzten Satz der Geschichte auswendig gelernt zu haben.*

Es hilft dir als Erzähler, deine Geschichte richtig anzufangen und zu beenden. Bei aller Freude am Ausschmücken ist das Auswendiglernen dieser wenigen Sätze hilfreich.

Es kann ein einfacher, sachlicher Satz am Anfang sein (»Jetzt beginnt die Erzählung von Mose.«) oder einer, der gleich in die Dramatik einführt (»Dieses Kind gebe ich nie wieder her!« rief die Mutter ...); es hilft mir als Erzähler, die Geschichte klar zu beginnen.

STECKENBLEIBEN

»Frau, komm her zu mir!«
»Bin ich gemeint?«, denkt die Frau, »hat er mich gerufen?«
Sie dreht den Kopf und schaut nach vorne. Tatsächlich, die Menschen bilden eine Gasse; sie kann direkt den Rabbi sehen, er schaut und lächelt sie an.
Die Frau greift ihren Stock und so schnell sie kann, geht sie nach vorne.

»Wieso geht sie nach vorne?«
»Ich kann gar nicht ...«
»Lass sie durch!«
»Der Rabbi hat's doch gesagt.«
»Aber sie kann doch nicht ...«
»Jetzt steht sie vor ihm.«

Die Frau steht vor Jesus. Sie dreht den Kopf und schaut ihn an.
Jesus streckt die Hand aus und legt sie auf ihren Kopf.

Er sagt ... äh ... er sagt ...
Was sagt er noch mal, o je jetzt bin ich ganz raus, wie war das noch mal? ...

Der Albtraum jedes Erzählers ist das Steckenbleiben. Plötzlich reißt der Gedankenfluss ab und ich weiß nicht mehr weiter, falle völlig aus der Geschichte heraus und habe einen »Black Out«.
Was kann ich tun?

! Tipps

Zwei Tipps möchte ich für diese Situation geben:
1. Wenn du nicht mehr weiter weißt, dann schweige. Der große Bruch im obigen Beispiel ist der Moment, in dem der Erzähler sein »Black Out« thematisiert: »O je jetzt bin ich ganz raus ...« Erst in diesem Moment fallen auch die Zuhörer aus der Geschichte.
   Darum schweige, wenn du nicht weiter weißt. Keiner wird gleich merken, dass du stecken geblieben bist. Im Gegenteil, alle denken: »Jetzt wird es aber spannend.« Du kannst mindestens 20 Sekunden schweigen (und nachdenken!), bevor die Zuhörer merken, was passiert ist.
2. In der Regel weißt du noch den letzten Satz, den du gesprochen hast. Wenn dir dein Schweigen zu lang wird, dann wiederhole den letzten Satz, langsam und geheimnisvoll. Das gibt dir erneut viele

Sekunden Zeit zum Nachdenken, genügend, um in die Geschichte zurückzufinden

Dann klingt das Ganze so:

»Frau, komm her zu mir!«
»Bin ich gemeint?«, dachte die Frau, »hat er mich gerufen?«
Sie dreht den Kopf und schaut nach vorne. Tatsächlich, die Menschen bilden eine Gasse, sie kann direkt den Rabbi sehen, er schaut und lächelt sie an.
Die Frau greift ihren Stock und so schnell sie kann, geht sie nach vorne.

»Wieso geht sie nach vorne?«
»Ich kann gar nicht ...«
»Lass sie durch!«
»Der Rabbi hat's doch gesagt.«
»Aber sie kann doch nicht ...«
»Jetzt steht sie vor ihm.«

Die Frau steht vor Jesus. Sie dreht den Kopf und schaut ihn an.
Jesus streckt die Hand aus und legt sie auf ihren Kopf.
Er sagt ...
...
...
Er streckt die Hand aus ... Er legt sie auf ihren Kopf ...
Er sagt: »Frau, sei frei von deiner Krankheit.«
Und sie merkte, wie sie sich aufrichten konnte ...

4. Während des Erzählens – Besonderheiten und Tipps

Probiere es einmal aus, das Erzählen mit solchen langen Pausen, es ist wirklich ein Mittel, die Spannung zu steigern, und es dauert lange, bis die Zuhörer den wahren Grund für dein Schweigen erahnen. Aber die Pausen auszuhalten verlangt starke Nerven beim Erzählen.

MORAL

Die Frau steht hinten in der Synagoge.
Sie ist ganz gebeugt, sie schaut auf den Boden.
Die anderen Frauen neben ihr halten Abstand.
»Komm ihr nicht zu nahe«, tuscheln sie, »sie hat einen bösen Geist. Wer weiß, was sie Schlimmes gemacht hat!«

Jesus sieht die Frauen.
Er denkt sich: »Es ist nicht gut, dass sie Abstand zur Kranken halten. Alle Menschen sind wichtig, Gesunde und Kranke, Männer und Frauen. Niemand soll ausgeschlossen sein. Das ist ja die ewige Liebe meines Vaters im Himmel, dass alle Menschen den gleichen Wert und die gleiche Würde haben und niemand auf den anderen herabsehen soll. Und ich bin zu den Menschen gesandt, um es ihnen zu zeigen und zu sagen, dass Gottes Liebe allen gilt.«
Und er rief die Frau zu sich: »Frau, komm zu mir!« ...

Hier ist die Erzählung unversehens in eine Predigt verwandelt und mit allgemeinen Lehrsätzen aufgefüllt worden.
Dies ist tatsächlich einer der häufigsten und schlimmsten Fehler beim Erzählen von biblischen Geschichten, dass wir sie mit Erklärungen oder Moralsätzen ergänzen und auch noch meinen, das sei für das Verständnis wichtig. Für wie dumm halten wir unsere Zuhörer eigentlich? Viel Verdruss und Überdruss an der Bibel ist in unserer Gesellschaft entstanden, weil die biblischen Geschichten ständig vermittelt wurden mit solchen dogmatischen Ergänzungen. Das ist ähnlich langweilig, als würde das Fernsehen bei jedem Krimi einblenden »Denke daran, Mord lohnt sich nicht!«

MOMENTE, DIE MIR WICHTIG SIND

Jede Geschichte hat solche Momente, die mir in besonderer Weise wichtig sind, die ich als besonders tiefsinnig, ergreifend, lustig oder heilig empfinde. Ich selbst als Erzählender bin oft ganz berührt in diesen Momenten und koste das auch aus. Die Zuhörenden haben meistens ein feines Gespür für diesen Augenblick und es entstehen intensive Erzählmomente.
Bei biblischen Geschichten ist es oftmals die Begegnung mit dem »Heiligen«, die Botschaft eines Engels, die Anrede Gottes, der Moment der Erlösung, die mir wichtig sind. Sie machen die »Heiligkeit« des biblischen Textes aus.

❗ Tipps

Diese Momente solltest du auch intensiv erzählen. Wenn es in den Handlungsablauf passt, dann ...
- sprich langsam und besonders deutlich,
- sprich nicht unbedingt lauter, aber eindringlich, Flüstern ist eine besonders eindringliche Art zu Reden,
- wiederhole manche Wörter oder Sätze, wenn das möglich ist,
- mache Pausen im Erzählfluss,
- lerne eine Formulierung, die dir besonders wichtig ist, auswendig,
- sei sparsam mit diesen Sprechweisen – wer ständig eindringlich sein will, wird langweilig.

Mit der Ausgestaltung dieser intensiven Momente gibst du den Zuhörenden Deutungsmuster und Anknüpfungspunkte, die Betroffenheit, Zustimmung und Ablehnung hervorrufen können. Die Momente, die mir wichtig sind, werden zu entscheidenden Punkten meiner Erzählung. Ahme die Betroffenheit, die du bei anderen gesehen hast, aber nie nach. Betroffenheit kann man nur selber empfinden, aber nicht kopieren. Das wirkt kitschig-albern.

5. DIE ZUHÖRENDEN

ERZÄHLEN VOR KINDERN

Wenn Kinder deine Zuhörer sind, dann lässt sich wunderbar erzählen. Kinder hören dankbar zu, verzeihen auch kleine Stolperer und vergleichen deine Erzählung nicht immer kritisch mit ihren Vorerfahrungen.

Aber sie können auch erbarmungslose Kritiker sein. Wenn du langweilig erzählst, umständlich kompliziert und mit moralischen Ermahnungen, dann steigen sie schnell aus. Sie stehen einfach auf und machen etwas anderes.

Viele Menschen trauen sich gerade noch, vor Kindern zu erzählen, vor Erwachsenen eher nicht, vor pubertierenden Jugendlichen erst recht nicht mehr. Dabei ist die Art des Erzählens für unterschiedliche Altersstufen nicht grundsätzlich anders. Es gelten stets die Regeln vom »inneren Bild« und von der »wörtlichen Rede«.

Manchmal rufen Kinder nach dem ersten Satz meiner Geschichte: »Die kenne ich schon!«
Lass dich durch diesen Satz nicht irritieren! Die Kinder wollen nur sagen: »Hör mal, ich bin ganz schlau, ich kenne das schon, ich weiß das«. Wir hören dagegen so etwas wie: »O wie langweilig, schon wieder die Geschichte. Gibt es keine neue?«

Aber das ist in den seltensten Fällen die Botschaft der Kinder. Gute Geschichten wollen sie immer wieder hören. Und überhaupt: Es ist *deine* Geschichte, sie können sie noch gar nicht kennen.

! Tipps

Bei *kleinen* Kindern solltest du außerdem noch auf Folgendes achten:
- Vermeide lange und komplizierte Sätze. Sprich am besten nur in Hauptsätzen!
- Sei zurückhaltend, wenn die Geschichte zu dramatisch wird. Kleine Kinder leben so stark in den Bildern, dass die dramatischen Momente sie völlig gefangen nehmen. Sie fangen an zu weinen oder laufen einfach weg.
- Erzähle kontinuierlich in einem Zeitstrang. »Rückblenden« beim Erzählen oder Sprünge von einem Handlungsort zum anderen sind für kleine Kinder kompliziert und verwirren sie.
- Vermeide unverständliche Worte. Vermeide aber vor allem, sie umständlich zu erklären. Meistens reicht ein Halbsatz, um ausreichend Klarheit zu schaffen:
  Die Leute sind vornehm gekleidet. Heute ist Sabbat, *da braucht man nicht zu arbeiten.*
  oder:
  Sie geht in die Synagoge, *ins Bethaus.*
  Und manche Worte dürfen auch unverstanden und geheimnisvoll bleiben:

Sei gegrüßet, Maria, du hast Gnade *bei Gott gefunden.*
- Ein schlimmer Fehler beim Erzählen vor Kindern ist es, in eine »niedliche« Sprechweise zu fallen. Plötzlich geht die Stimme in die Höhe und wird piepsig *(Ja, was passiert dann wohl?)*, es werden viele Verkleinerungen gewählt *(Er nahm ein Krümchen von dem Brötlein …)* und alles wirkt betulich und niedlich. Kinder finden das schnell langweilig und unglaubwürdig.

ERZÄHLEN VOR JUGENDLICHEN

Mit Jugendlichen meine ich hier die Gruppe der 12–15-Jährigen (z. B. eine Konfirmandengruppe), die in der Pubertät ist und die bei Menschen, die mit ihnen arbeiten, manchmal ein Schmunzeln, manchmal ein Stöhnen hervorrufen.

In der Tat ist das Erzählen vor einer solchen Gruppe nicht leicht. Es sind oft Personen dabei, die mit Zwischenrufen die Erzählung stören oder die demonstrativ ihr Desinteresse zeigen. Auf emotionale Rede reagieren sie mit Gelächter.

Das ist ein normales Verhalten für diese Altersgruppe. Jugendliche halten das Erzählen von Geschichten für »Kinderkram«, von dem sie sich absetzen müssen. Biblische Geschichten verstärken diese Ablehnung zusätzlich.

Es erfordert eine Menge Souveränität, die eigenen Geschichten, die mir wichtig und wertvoll sind, zu erzählen und manche dumme Bemerkung und manches Gelächter dazu auszuhalten.

Aber lasse dich nicht entmutigen. Erzähle eher mit einem Schmunzeln als mit zuviel Pathos. Erzähle die eher unbekannten biblischen Texte. Natürlich haben auch Jugendliche ein Interesse an interessanten Geschichten. Auch ihre Themen von Liebe und Sexualität, von Gerechtigkeit und Lebensglück, von Freundschaft und Verlassenheit finden sie in den Geschichten wieder.

Und plötzlich werden sie stumm und lauschen verblüfft deiner Erzählung.

ERZÄHLEN VOR GROSSEN GRUPPEN

Wenn du vor großen Gruppen erzählst, wird der Einsatz einer Verstärkeranlage unumgänglich. Denn die schönste Geschichte nützt nichts mehr, wenn sie nicht zu hören ist.

Das gilt auch, wenn du vor wenigen Leuten in großen Räumen erzählst und die Leute weit auseinander sitzen, wie es in Kirchen oft der Fall ist.

Allerdings bedeutet jede elektronische Verstärkung auch eine zusätzliche Distanz zwischen Erzähler und Zuhörern. Bei einer guten Tontechnik ist diese aber minimal.

Wichtig beim Einsatz einer Verstärkeranlage ist, dass das Mikrophon immer den gleichen Abstand zu deinem

Mund hat. Fest installierte Mikros sind ungünstig, wenn du dich bewegst, wird eine Stimme lauter oder leiser. Verwende lieber ein Headset oder ein Ansteckmikro mit Funkverbindung zum Verstärker.

6. ... UND NACH DEM ERZÄHLEN?

FRAGEN DER ZUHÖRENDEN UNMITTELBAR NACH DEM ENDE DES ERZÄHLENS

Manchmal fragen Zuhörer *nach* einer Geschichte einzelne Dinge nach.
Sie fragen, weil sie etwas im Ablauf nicht verstanden haben oder weil manche Sitten und Gebräuche aus biblischer Zeit uns heute so fremd geworden sind.
Solche Fragen beantworte ich sachlich, so gut ich es kann.

Manche fragen, weil sie grundsätzliche Anfragen an die Bibel haben. Sie verwickeln den Erzähler in theologische Grundsatzfragen, kaum dass die Geschichte zu Ende ist. Vorsicht! Lass den Zauber einer Erzählung nicht in endlose Grundsatzdebatten versinken.

Manche fragen, weil sie zeigen wollen, dass sie alles besser wissen. »Warum haben Sie das *so* erzählt, die Geschichte geht doch ganz anders?!«
Wahrscheinlich hattest du guten Grund, etwas zu ändern. Vielleicht hast du fantasievoll ausgeschmückt, vielleicht will jemand nur zeigen, wie gut er sich in der Bibel auskennt.
Wenn du etwas tatsächlich »falsch« erzählt hast, gib deinen Fehler zu.

Manche stellen Fragen, die nicht zu lösen sind. »Warum hat Gott nicht anders gehandelt?« Geschichten beantworten nicht alle Fragen, im Gegenteil. Wie schön ist es, dass Geschichten die großen Fragen des Lebens wieder aufrufen.

Aber die meisten Menschen stellen keine Fragen. Sie haben zugehört und tauchen langsam wieder aus ihren Fantasiebildern auf. Wenn du eindrücklich erzählt hast, sind sie manchmal noch etwas »verzaubert«. Verscheuche diesen Zauber nicht zu schnell.

NICHT ERKLÄREN

Die Geschichte ist zu Ende. Und nun? Wie geht es weiter?
Einen Augenblick lang sitzen alle noch ruhig und träumen ihren Gedanken nach. Langsam kommen sie in die Gegenwart zurück. Vielleicht klatschen einige.

Und nun? Was mache ich nun?
Besonders Lehrer und Lehrerinnen fragen so, die im Geiste ihre Schulklasse sehen und wissen: die Schulstunde dauert noch 30 Minuten.

Jetzt muss doch noch etwas passieren. Einfach nur erzählen – das ist doch zu wenig.
Haben die Kinder alles verstanden? Richtig verstanden? Einfach nur eine schöne Geschichte hören, das ist doch

nicht genug, das passt nicht in unsere Bildungslandschaft.

Und aus diesen Gedanken entsteht ganz oft etwas, das den Zauber einer Erzählung wieder zerstört: »Und jetzt reden wir über die Geschichte!«

Besonders bei biblischen Geschichten geschieht dies häufig noch in der Absicht, die Geschichten in einem zweiten Durchgang zu »erklären«, die richtigen theologischen Sätze zu sagen oder die Zuhörer solange in ein Gespräch zu verwickeln, bis sie die »richtigen« Gedanken zur Geschichte geäußert haben.

Oh, wie langweilig und engstirnig!

Was in den Herzen der Zuhörer angekommen ist, soll unbedingt noch in intellektuellen Formulierungen ausgesprochen und manchmal sogar auf die Norm des »richtigen« Verständnisses gebracht werden. »Die Moral von der Geschichte« nennt man es oft leicht spöttisch, und meistens gilt auch nur das, was ich mir als Moral vorher zurechtgelegt habe.

Wenn ich hier so deutlich gegen das intellektuelle Diskutieren einer Geschichte spreche, so bezieht sich das auf den Zusammenhang mit dem mündlichen Erzählen. Denn grundsätzlich ist es natürlich richtig, dass zu einer Beschäftigung mit Texten auch die kritische Auseinandersetzung gehört. Gerade auch bei biblischen Texten wünsche ich mir in Schulen und auch in Kirchengemeinden das kritische Nachfragen und die methodische Analyse. Aber nicht im Zusammenhang mit dem Erzählen! Beide Methoden dürfen nicht vermischt und auch nicht unmittelbar nacheinander angewendet werden.

Eine erzählte Geschichte ist ein Kunstwerk. Wer ein Musikstück hört, wer in einer Kirche das Weihnachtsoratorium erlebt, möchte ja auch nicht im Anschluss eine Diskussion über die elementaren Gedanken des Oratoriums oder eine Erklärung der Akkordfolgen hören. Kunst spricht für sich selbst.

Es ist auch absurd zu meinen, eine Geschichte hätte nur *eine* Botschaft, einen »Kerngedanken«, auf den alles hinausläuft. Jede gute Geschichte hat verschiedene Aspekte, Gedanken und Anknüpfungspunkte in sich, und die Zuhörenden entdecken oftmals noch ganz andere als ich.
Die theologische Wissenschaft erweckt oft den Eindruck, es sei klar, was der wichtige Kerngedanke eines Textes sei. Nun ist es sicherlich gut, Ergebnisse der Theologie in seiner Erzählung zu berücksichtigen, aber die Behauptung eines objektiven Kerngedankens ist doch eine Engführung. Und vollends unangebracht ist es, nach dem Erzählen einen solchen Kerngedanken »herauszuarbeiten«.

BEHUTSAMES FRAGEN

Wer trotzdem auf das Gespräch nach der Geschichte nicht verzichten möchte, kann Fragen nach dem eigenen Empfinden stellen, etwa so:
– Gibt es Aspekte in der Geschichte, die dir gut gefallen, die dir ganz wichtig sind?

- ... oder solche, die dich ärgern?
- Hast du schon einmal etwas erlebt, was so ähnlich ist?
- Was willst du noch zur Geschichte sagen?

Wer so offen fragt und die verschiedenen Antworten nebeneinander stellt, ohne sie zu bewerten, kann die Fülle der verschiedenen Aspekte einer Geschichte und die Vielfalt der Verständnisse, die die Zuhörenden entwickeln, entdecken.

Diese Art des Fragens wird im religionspädagogischen Ansatz von »Godly Play« viel verwendet (Näheres dazu findest du im Internet unter www.godlyplay.de).

KREATIVE GESTALTUNG

Hilfreich ist es, eine Geschichte nach dem Erzählen mit kreativen Methoden zu »gestalten«. Diese Methoden bleiben auf der emotionalen Ebene und zwingen nicht in die intellektuelle Auseinandersetzung. Das bei Kindern weit verbreitete »und jetzt malen wir ein Bild zu der Geschichte« geht in diese Richtung, auch wenn es als Methode doch schon recht verbraucht und altbacken ist.

Bei kreativen Methoden denke ich an Aktivitäten der Zuhörer, die die Erzählung begleiten oder anschließend vertiefen, wie z. B.

das Theaterspiel
- Ausdrucksspiel »Jeux Dramatiques«
- Rollenspiel
- Puppenspiel
- und anderes

Vertiefung mit Musik
- Begleitung einer Erzählung mit Instrumenten
- Geräusche zur Geschichte
- Lieder singen
- großartige Musik hören

Bastelarbeiten
- Gegenstände aus der Geschichte bauen,
- ... auch Symbole oder Verkleidungsteile

Bilder
- Bodenbilder
- Symbolgestaltungen
- Bilderfolgen und »Kino«
- Mandalas

Auf diese Beispiele will ich in einem Erzählbuch nicht im Einzelnen eingehen. In der Literatur gibt es eine Fülle von Ideen zur kreativen Gestaltung. Bei manchen Vorschlägen muss man sich allerdings fragen, ob sie wirklich der Vertiefung der Geschichte dienen oder nur noch Zeitvertreib sind.
Manche Ideen brauchen viel Zeit, Material und Aufmerksamkeit. Achte darauf, dass sie keine Energie vom eigentlichen Erzählen abziehen.

Noch einmal:
Gute Geschichten tragen ihre Botschaften in sich. Sie brauchen eine gute Erzähltechnik, um bei den Zuhörern anzukommen.
Sie brauchen kein Gespräch und keine kreative Gestaltung, um richtig oder vollständig zu sein. Wer Geschichten erzählt bekommt in all ihrer Weisheit, Dramatik und Spannung, der erfährt so viel an eigenen Gefühlen und Gedanken, dass andere Aktivitäten ihn eher ablenken als weiterbringen.

7. BESONDERE GESCHICHTEN

»MORD UND TOTSCHLAG«

In der Bibel stehen Geschichten, bei denen sich unsere Nackenhaare sträuben. Kriege und Gewalt, sexuelle Übergriffe und Mord – die Bibel lässt keine dieser Grausamkeiten aus.
Das soll ich erzählen? Vielleicht sogar vor Kindern?
Bei kleinen Kindern ist sicherlich sensibel darauf zu schauen, wo das Erschrecken über die Geschichte so groß wird, dass man ihr nicht mehr zuhören will.

Grundsätzlich aber ist es eine Stärke der Bibel, dass sie die Schattenseiten des Menschen nicht ausklammert und in ihr nicht nur Heile-Welt-Geschichten erzählt werden. Auch Kinder wissen schon von den dunklen Seiten, von Grausamkeiten unter den Menschen. Auch behütete Kinder wissen mehr vom Leben, als Eltern sich mitunter erträumen. Sie haben auf Dauer wenig Interesse an all den »braven« Geschichten, die es für Kinder gibt.

! Tipps

Trotzdem gelten für Geschichten, in denen es um Gewalt oder andere beängstigende Dinge geht, einige Besonderheiten:

- Male die Grausamkeiten nicht aus. Bei aller Liebe zu fantasievollen Ausschmückungen sei zurückhaltend bei grausamen Szenen. Sie sollen nicht verschwiegen, aber auch nicht ausgemalt werden.
- Nicht alle Besonderheiten einer Zeit sollen kommentarlos wiedergegeben werden. Wenn ein Pharao in Ägypten den Befehl gibt, alle neugeborenen Jungen der Hebräer zu töten, muss dies nicht emotionslos wiedergegeben werden. *Was für ein schlimmer Befehl des Pharao. Was für ein grausamer Satz!* Ein solcher Satz rückt das Wertesystem der Kinder wieder zurecht.
- Geschichten brauchen ein »Happy End«. Mag eine Geschichte mit schlimmem Ausgang auch noch so realistisch sein, sie lässt die Zuhörenden mit einem Gefühl der Hoffnungslosigkeit zurück, sie lähmt alle Aktivitäten und macht schlechte Träume.
  Die meisten Geschichten, die Märchen und auch die biblischen Geschichten haben ein positives Ende.
- Behaupte bei den grausamen Geschichten der Bibel nicht, Gott habe die Grausamkeiten gewollt. Nein, in den meisten Geschichten ist Gott genauso entsetzt über die Gewalt wie wir.
  Wenn der biblische Text aber wirklich behauptet, die Grausamkeit gehe von Gott aus, dann lasse eine kritische Person in der Geschichte auftauchen, die diese Behauptung problematisiert.

»Wir sind frei! Der Pharao lässt uns frei aus der Sklaverei!«

»Wie kommt das?«
»In der letzten Nacht sind alle Erstgeborenen umgekommen in Ägypten, Menschen und Tiere.«
»Wie furchtbar!«
»Aber wir sind frei. Gott selbst ist in Ägypten umhergegangen und hat alle Erstgeborenen erschlagen.«
»Das glaube ich nicht. So ist dieser Gott nicht. Er will die Freiheit!«
»Aber so habe ich es gehört. Alle sagen es doch so.«
»Das kann ich nicht glauben. Eine rätselhafte Geschichte. Aber wir sind frei!«

- Ganz selten und mit großer Vorsicht stelle ich eindeutige Aussagen der Bibel in Frage. War es wirklich die Stimme Gottes, die Abraham sagte, er solle sein eigenes Kind töten?

Dieses letzte Beispiel ist eine der ganz wenigen Ausnahmen, wo ich gegen die eindeutige Aussage des biblischen Textes argumentiere. Mordaufforderungen im Namen Gottes und die einseitige Parteinahme Gottes in den alten Kriegsgeschichten von Israel kann ich nicht mehr unbefangen weitergeben. Aber auch hier soll gelten:
- Verschweige nicht die grausamen Geschichten.
  Verharmlose die Bibel nicht.
  Beschreibe Gott auch in seiner Widersprüchlichkeit.

WUNDERGESCHICHTEN

Voller Wunder ist die Bibel und unglaubliche Dinge passieren: Tiere sprechen, Naturgewalten werden gezähmt, und – besonders häufig – es werden unerklärliche Krankenheilungen berichtet.

Kopfschüttelnd wenden sich aufgeklärte Menschen bei diesen Berichten ab, und mancher Erzähler fragt sich, was damals wohl »wirklich« passiert ist und ob man diese Geschichte wirklich so kommentarlos weitergeben soll. Viele stellen Wundergeschichten auf eine Stufe mit Märchen.

Damit liegen sie gar nicht so verkehrt, denn Märchen und die Erzählungen der Bibel sind Geschichten, die voller Wahrheit sind und diese in einer Bildersprache beschreiben. Sie sprechen z. B. von einem verkrümmten Rücken, vom nicht-mehr-aufrechten Gang und meinen damit die Menschen, die unter Lasten und Zwängen ihr Leben nicht mehr in Würde führen können.

Doch das sind Überlegungen, die uns zwar ein Verständnis der Geschichte erleichtern können, aber sie helfen nur begrenzt, wenn es um das Erzählen geht. Denn in der Geschichte bleibt die Aufrichtung der Frau eine körperliche Heilung, die ich in meiner Erzählung weitergeben soll.

Geradezu kläglich klingen Erzählungen, bei denen eine symbolische Heilung passiert.
Da wird vom blinden Bartimäus berichtet, der Jesus begegnet und

plötzlich die Erkenntnis hat, dass Jesus der Messias sei. Er »sieht« Jesus neu, und doch bleiben seine Augen blind.
Nein, wenn ich vom blinden Bartimäus erzähle, dann muss er am Ende sehend sein, sonst ist es keine Geschichte mehr, sondern eine langweilige theoretische Erörterung.

! Tipp

Wenn du Wundergeschichten erzählst, dann beschreibe das Wunder in all seiner Wunderhaftigkeit, mit allem Staunen und Ver-wundern. Zugleich aber lass auch die Zweifler zu Wort kommen, die Kritiker und die Nörgler, die das Wunder kommentieren: »*Das kann doch wohl nicht wahr sein!*« – »*Ich konnte gar nichts sehen!*«
Denn am Ende jeder Wundergeschichte steht das »Volksgemurmel«, die Kommentare der Menschen, die dabei waren. So habe ich es auch schon im Kapitel über die wörtliche Rede beschrieben. Im Volksgemurmel finden sich Zustimmung und Ablehnung, Unglaube und Halleluja, so, wie ich es auch bei den Zuhörenden vermute. So sind alle Meinungen zu dem Wunder in meinen Erzählungen vorhanden.

GLEICHNISSE

Gleichnisse sind schöne Geschichten und wunderbar anschaulich zu erzählen. Sie zeichnen sich dadurch aus, dass hinter den Geschichten noch eine zweite Wahrheit hervorschimmert, ein Vergleichspunkt.

So spricht das bekannte Gleichnis vom verlorenen Sohn (Lukas 15) davon, wie der Vater sein Kind wieder aufnimmt, allen Verwirrungen zum Trotz. Und genau so nimmt auch Gott einen Menschen wieder auf, allen Wirrungen zum Trotz. Vater und Gott sind die Vergleichspunkte.

Beim Erzählen wird diese zweite Vergleichsebene problematisch. Sie verführt dazu, zu erklären, was das Gleichnis »eigentlich« meint. Schließlich soll die Erzählung ja nicht nur irgendeine Geschichte sein, sondern auf die Barmherzigkeit Gottes verweisen – und unversehens wird aus der Erzählung eine Predigt, eine theologische Erörterung mit erzählten Beispielen. Das wäre schade.

Gleichnisse wurden von Jesus in Konfliktsituationen erzählt. Sie sind ein Argument in einer kontroversen Fragestellung, sehr geschickt eingeflochten, denn gegen eine Geschichte lässt sich schwer argumentieren. Nicht immer sind heute die Konfliktsituationen genau zu rekonstruieren, in denen Jesus seine Gleichnisse erzählt. Bei dem Gleichnis vom verlorenen Sohn wird sie aber am Anfang des Kapitels aufgezeigt, etwa so:

»*Schau sie dir an, Rabbi Jesus*«, so sagen seine Gegner, »*schau das ganze verlorene Pack, Betrüger, Zöllner, Huren.*

Sie haben das Gesetz verlassen, Gott hat sie verstoßen, sie sind verloren.«
»Verloren?«, fragt Jesus.
»Natürlich! Wer das Gesetz so verachtet, wird von Gott verstoßen, unausweichlich.«
»Verstoßen? Passt auf, ich erzähle euch eine Geschichte. Ein Mann hatte zwei Söhne ...«

! Tipp

Wenn du Gleichnisse erzählst, dann erzähle zuerst die Konfliktsituation. Das muss keine lange Geschichte sein, aber die Fragestellung ist schon einmal aufgeworfen. Die Vergleichsebene ist durch die Konfliktsituation ständig präsent, ohne noch einmal thematisiert werden zu müssen. Mit dieser kleinen Begebenheit vorweg kann das Gleichnis eine wunderschöne Erzählung bleiben, ohne theologisch zu verflachen.

ERFUNDENE BIBLISCHE GESCHICHTEN

Fantasievolle Menschen schaffen manchmal neue Geschichten, in die eine biblische Geschichte oder auch ein entscheidendes Zitat eingebettet ist. Das nenne ich *erfundene biblische Geschichte*.
Wenn die Zuhörenden die ursprüngliche Geschichte kennen, ergeben sich manchmal interessante neue Einblicke in Altvertrautes,

wie z. B. in dieser kleinen Geschichte für den Advent.

Auf dem Marktplatz wird getuschelt. Ruth und Johanna stehen dort

Ruth: Stelle euch vor, der Priester ist stumm.
Johanna: Wie kann das sein?
Ruth: Ein Engel soll ihm begegnet sein!
Johanna: Da wird auch mal ein Priester stumm. Was hat der Engel denn gesagt?
Ruth: Er sagte: Deine Frau wird ein Kind bekommen.
Johanna: Nun ja. Ist das so etwas Besonderes?
Ruth: Hier schon. Die Frau ist über 70 Jahre alt. Und jetzt soll sie schwanger sein.
Johanna: Na so was!

Ruth: Aber bei diesem jungen Ding ist das was anderes.
Johanna: Bei wem?
Ruth: Bei dem Mädchen. 13 Jahre alt. Bei Elisabeth zu Besuch, bei der Frau des Priesters. Und das Mädchen ist auch schwanger.
Johanna: Nun ja, sie ist wohl jung verheiratet.
Ruth: Nix da verheiratet. Das ist sie noch nicht. Aber schwanger.
Johanna: Na so was. War wohl auch ein Engel da?
Ruth: So erzählt sie es.
Johanna: Unglaublich! Was es heutzutage alles gibt!

*Ruth:	Und dann sagt sie auch noch, der Retter der Welt würde durch sie geboren.*
*Johanna:	Nun hör aber mal auf. Erst ist der Priester stumm und jetzt redest du so viel!*
*Ruth:	Der Engel soll es gesagt haben. Aber warte ab. In ein paar Wochen wissen wir mehr.*

Auf dem Marktplatz wird getuschelt.
Eine Prise Hoffnung liegt in der Luft.
(nach Lukas 1)

Auch erfundene biblische Geschichten müssen historisch korrekt und glaubwürdig sein. Sie sind schnell in der Gefahr, banal zu werden, keine eigene Handlung zu haben und nur eine Einleitung zum »Eigentlichen« zu sein.

Zu dieser Geschichtenkategorie gehören auch die biblischen Texten, die eigentlich nicht erzählbar sind, wie viele Prophetenworte oder Ausschnitte aus den Paulusbriefen.

Wenn du aber Prophetenworte erzählen willst, die sich z. B. kritisch zu den Zuständen in Israel äußern, dann erzähle auch diese Zustände. Sie erfüllen die biblischen Texte mit neuem Leben.

Der Marktplatz wird geschmückt.
»Ein Opferfest für die gute Ernte! Schmückt den Markt! Säubert ihn vom Unrat. Entfernt die Bettler!«
Die Diener und Wachleute des reichen Daniel kommen.

Sie bauen den Opferaltar. Sie schmücken den Markt. Sie vertreiben die Bettler in die Nebengassen.
»Wo sollen wir hin?
Ich habe kein Zuhause mehr.«
»Früher konnte ich selber Opferfeste abhalten. Jetzt gehört alles dem Daniel. Weh mir!«
»Gott hat uns verlassen!«

Schön sieht er aus, der Marktplatz. Das Fest kann beginnen.
Die Menschen kommen. Das Feuer am Altar wird entfacht. Ein Harfenspieler macht Musik. Die Bettler wollen auch einmal schauen, aber sie werden zurückgedrängt. Sie müssen in den Nebengassen bleiben.

Der Priester kommt.
»Gelobt sei der Ewige! Reiche Ernte hat er gegeben.«
Das Opfertier wird geschlachtet. Die Fettteile kommen ins Feuer und verbrennen. Rauch steigt auf.
Das Fleisch wird an Spießen über dem Feuer gedreht. Ein wunderbarer Duft zieht durch den Markt.

In den Seitengassen heben die Bettler die Köpfe. Ihr Hunger wird unerträglich.
»Ich möchte endlich einmal wieder satt essen können.«
»Aber wir dürfen nicht hin.«

Der Priester hebt die Hände.
»Bei dir sind wir geborgen, Gott. Frieden und eine reiche Ernte hast du uns geschenkt.«

Der Harfenspieler spielt eine wundervolle Melodienfolge.
Gleich wird das Essen für alle Anwesenden beginnen.

Da springt ein Mann auf. Er stellt sich vor den Priester.
Die Menschen recken die Hälse. Der Harfespieler hält inne.
Der Mann ruft:
»Dies ist ein Wort des Gottes, den ihr anruft:
Ich hasse eure Feste – so spricht Gott,
ich mag eure Opfer nicht mehr riechen.
Tut weg das Geplärr eurer Lieder
und lasst Gerechtigkeit geschehen!«
(Amos 5,21–24)

Tumult!
Daniel springt auf und schreit.
Die Wachleute stürzen herbei.

> *Die Bettler in der Seitengasse heben die Köpfe.*
> *»Hast du gehört? Gerechtigkeit soll geschehen. Das wäre gut.«*
> *»Hat Gott uns doch nicht vergessen?«*

Der Priester hebt die Hand. Tatsächlich tritt noch einmal Ruhe ein.
»Wer bist du, Fremder, dass du unser Fest störst?«
»Ich bin Amos von Thekoa, vom Ewigen gerufen, die Gerechtigkeit einzuklagen.«
»Gott ist auf unserer Seite. Das Opferfest geschah nach seinem Gesetz und Ritus.«

Da ruft Amos von Thekoa noch einmal sehr laut:
»Gott ist nicht auf eurer Seite. Er redet anders. Ich sage es euch:
So spricht Gott:
Wehe euch, die ihr die Armen unterdrückt und die Bettler vertreibt.
Niemals will ich eure Untat vergessen.«
(nach Amos 8,4–8)

Tumult!
Daniel hat einen roten Kopf vor Zorn.
»Verschwinde! Ich lasse dich auspeitschen.«
Da geht Amos.

»Musik!«, ruft der Priester, »das Fest geht weiter. Kommt zum Essen.«
Aber vom Essen ist nicht mehr viel da.
Die Bettler haben sich inzwischen die besten Stücke genommen.

8. BEISPIELE GELUNGENER ERZÄHLKULTUR

Erzählen ist eine jahrtausendealte Kunst. Lebensweisheit und religiöse Erfahrung, sprachliche Kunstwerke und humorvolle Begebenheiten wurden so tradiert. Diese Kunst droht uns verlorenzugehen; durch verschiedene Einflüsse ist das Erzählen zurückgedrängt, manchmal ganz vergessen. Aber es gibt auch Beispiele aus unseren Tagen, wie das Erzählen sich in kleinen Ansätzen wieder stärker in unserer Gesellschaft entwickelt. Wo es praktiziert wird, stößt es auf große Resonanz.

Von diesen Beispielen soll am Schluss berichtet werden, ohne irgendeinen Anspruch auf Vollständigkeit zu erheben. Und neben diesen großen Beispielen gibt es natürlich immer noch
– die zahlreichen Erzählungen im Kindergottesdienst und im Religionsunterricht, in den Gruppenstunden der Kirchengemeinden, in Christenlehre und Jungschar, in den Kindergärten.
– und die unzähligen Erzählerlebnisse in den Familien, auf dem Sofa, auf dem Fussboden, im Bett, beim Spaziergang, in der Kuschelecke oder wo auch immer, allem CD-Boom und aller Fernsehvielfalt zum Trotz.

DIE GUTE-NACHT-GESCHICHTE IN DER URLAUBERARBEIT DER KIRCHEN

In Ferienzentren und auf Campingplätzen bieten ehrenamtliche Mitarbeiter/innen der Kirchen oftmals ein buntes Programm an. Als ein »Renner« erweist sich dabei das Angebot einer »Gute-Nacht-Geschichte« für Kinder und Eltern. 100 Kinder kommen da schon an jedem Abend der kostbaren Ferienzeit zusammen. Es werden Lieder gesungen und manchmal gibt es auch ein Puppenspiel, aber das Wichtigste ist doch immer die erzählte Geschichte. Mucksmäuschenstill wird es dann, die Kinder verfolgen gebannt jeden Satz, und die Eltern beugen sich auf ihren Stühlen weiter vor, damit ihnen kein Wort entgeht.

Unterschiedliche Geschichten werden erzählt, lustige und spannende, Märchen und biblische Geschichten, aber die lustigen überwiegen. Für manche Urlauberfamilie wird dieser allabendliche Ritus so wichtig, dass sie ihre Tagesplanung darauf einstellen – »*Um sieben Uhr müssen wir wieder zurück sein!*« – und manche Eltern sehen sich nach dem Urlaub vor die Aufgabe gestellt, diese junge Tradition zu Hause fortzusetzen.

GESCHICHTEN ZUM ADVENT

Ähnliche Erfahrungen machten Mitarbeiter/innen einer Kirchengemeinde, die für eine Woche im Advent eine abendliche Geschichte in der Kirche anboten. Sogar auf den Weihnachtsmärkten und in den Einkaufszentren gibt es manchmal solche Erzählinseln.

Es ist überraschend, wie viele Kinder kommen (trotz der zeitlichen Belastung im Advent), um einer schlichten Geschichte willen, die nach dem Glockenläuten bei Kerzenschein erzählt wird. Eng zusammen sitzen sie in der Kirche auf dem großen Teppich bei den Altarstufen.

Gerade im Advent bieten sich biblische Texte an, die sich wohltuend vom Konsumgeklapper dieser Zeit unterscheiden. Es geht nicht um Weihnachtsmänner und dicke Geschenke, sondern um Hoffnung und Erlösung.

In dieser für Kinder so aufregenden Zeit ist erzählen nicht einfach. Trotzdem hörten alle gebannt zu. »*Gibt es das im nächsten Jahr im Advent wieder? Oder schon im Frühjahr?*«

UNTERRICHTSSCHLUSS

Pastor R. gibt Konfirmandenunterricht. Seine 13-jährigen Jungen und Mädchen sind nicht übermäßig interessiert. Aber zehn Minuten vor Unterrichtsschluss werden sie ruhiger. Denn die letzten zehn Minuten wird erzählt, jedes Mal ein Stück der biblischen Geschichten, ein zweijähriger Fortsetzungsroman von Abraham bis Paulus.

Pastor R. ist kein großartiger Erzähler, aber er kennt und liebt seine Geschichten, und das merkt man ihnen an. Und so wird die letzten zehn Minuten einfach nur erzählt. Nach zwei Jahren sind tatsächlich die meisten Geschichten der Bibel bekannt.

Fragt man später die ehemaligen Konfirmanden, was sie denn noch erinnern aus ihrem Unterricht, fällt die Antwort eindeutig aus: Geschichten

»Und am besten fand ich ...« – »Und weißt du noch, wie der ...« – »Und dann diese verrückte Idee von dem ...« ...

ERZÄHL-FESTIVALS

Auch große Festivals professioneller Geschichtenerzähler gibt es. Sie werden von Städten und Kommunen auch finanziell unterstützt und haben manchmal Hunderte von Zuhörern. Oft sind sie mit einem Wettbewerb kombiniert; die besten Erzähler werden ausgewählt und bekommen Preise.

Im Oktober 2010 fand das erste Bibel-*Erzähl*-Festival im Schleswiger Dom statt; in mehreren Landeskirchen in Deutschland laufen Ausbildungslehrgänge für Bibelerzähler und Bibelerzählerinnen.

Aber es geht auch in kleinerem Maßstab:
Eine Gemeinde lädt zum Erzählabend ein. Die Kirche erstrahlt im Kerzenlicht. Zwei Musiker machen beschwingte Musik. Zwei Erzähler wechseln sich mit ihren Geschichten ab. Zwischendurch gibt es immer wieder Musik, einmal auch eine längere Pause mit einem Glas Wein und etwas Brot. Und wieder eine neue Geschichte. Wunderbar.

ERZÄHLZELT AUF KIRCHENTAGEN

Auf den evangelischen Kirchentagen kommen über 100.000 Menschen zusammen, bewegen sich zwischen den Hallen des Messegeländes von liturgischen Feiern zu Vorträgen, von Diskussionen zu Tanzrunden. Mitten im Besucherstrom steht das Erzählzelt, wo zu jeder halben Stunde eine Geschichte erzählt wird. Die Erzählerinnen und Erzähler wechseln sich ab, so dass das Zelt acht Stunden geöffnet ist.
Etwa 70 Zuhörer passen hinein in das Zelt, da ist das Erzählen ohne die Benützung eines Mikrophons gerade noch möglich. Technik würde stören und wird deshalb weggelassen, obwohl an den Zelteingängen nochmals viele stehen bleiben und hören wollen.
Im Zelt ist gebannte Stille, wenn Mose aufbricht in die Wüste, wenn die Schwarze Perle in der Grotte versinkt, wenn Mönch Amboss seinen Abt hereinlegt oder die Samaritanerin von ihrem Brunnenerlebnis spricht.
Die Geschichten sind den Zuhörenden überwiegend bekannt, es geschieht nichts Spektakuläres, und doch bleiben alle sitzen und hören zu.

»So habe ich die Geschichte noch nie gehört. Ich habe Bücher darüber gelesen und Predigten gehört, aber die Geschichte selber habe ich noch nie so als Geschichte gehört.«

Eine kurze Pause, die meisten Leute brechen auf, das Zelt füllt sich neu, und wieder werden alle hinein genommen in die neue Geschichte, sie hören und hören,

Bilder und Erinnerungen tauchen auf, alt vertraut und doch wieder neu.

»Viel wird hier auf dem Kirchentag mit Geschichten gemacht, aber wie schön ist es, wenn wir einfach erzählen!«

Und so verbinde ich mit diesen Beispielen die Hoffnung, dass wir uns wieder die Muße und den Mut nehmen, Geschichten der Bibel und auch andere Geschichten einfach zu erzählen, ihre Bilder zu entfalten und zu bestaunen, ihren Geräuschen und Reden zu lauschen und staunend vor ihren Weisheiten und Geheimnissen zu stehen.